恋愛レッスン

永遠の絆の
つくりかた

マリアージュカウンセラー
斎藤芳乃
Saito Yoshino

どうして、恋愛がうまくいかないのでしょうか？

出会いがない、いいと思った人とうまくいかない、
幸せな関係というのがどういうものかわからない……恋愛って難しい。
そんなふうに考えてしまう気持ち、わかります。

けれど、じつは、愛を築くことはとてもシンプルで簡単なことなのです。
ありのままの自分を差し出しながら、ありのままの相手を受け止める。
これが、愛の基本です。

あなたは、この世界に生まれ落ちた瞬間に、
すばらしい魅力をすでに持っています。そのことに気づき、
あなたの中に眠っている魅力を引き出すだけでいいのです。

今この瞬間にも、あなたを求めている男性は存在しています。
そして、あなたがあなた自身の魅力に気づき、表現することで、
二人は出会い、かけがえのない関係を築いていくことができるのです。

Introduction

愛し、愛される関係を築くために

Contents

あなたの中にある「母」「娘」「同志」の3つの感性を磨く

Lesson 2
あなただけの愛され要素を見出す

大人の女性として美しい「在り方」をととのえる

Lesson 4

男性を理解し、寄り添える女性になる

ゆるぎない絆をつくるコミュニケーション

Introduction

愛し、愛される関係を築くために

愛し、愛される関係は、心と心の結びつきから生まれます。容姿や年齢などで「愛されない」と思い込んでいませんか？　愛への誤解を解き、これからはじまるすばらしい人生への一歩を踏み出しましょう。

「愛される女性らしさ」とは？

これまで私は、恋愛や結婚の悩みを解決するマリアージュカウンセラーとして、本当に多くの女性が、幸せになるために苦しい努力をしている姿を見てきました。自分を磨いたり、おしゃれをしたり……しかし、真面目で誠実な女性ほど、苦しい恋愛や出会いがないことに悩んでいました。

どうしてこんなことが起きてしまうのでしょうか？

それは、多くの女性が「愛される女性らしさ」を誤解してしまっているからです。

たとえば、若いほうが男性に好かれるという考え方や、ダイエットしてできるだけ細いほうがモテるという価値観、肌を露出して刺激的に振る舞うことで男性の気を引けるというテクニック……しかし、これらの要素は、本質的な「愛し、愛される関係」をつくるうえでは、それほど重要なことではないのです。
なぜなら「愛」とは、あなたの内面から生まれるものだからです。

たとえば子どもを温かい笑顔で見守っている母親の姿は、弱いものを守ろうとする強さとやさしさに満ちあふれ、私たちの心を温かくしてくれます。美しい空に感動できる感受性は、それだけでこの世界が美しいもので、生きることはすばらしいことなのだという気持ちを呼び覚ましてくれます。苦しいとき、「大丈夫?」とさりげなく気づかわれたとしたら、「この人は私を大切にしてくれている」と感じ、思わず涙があふれるかもしれません。

このように、人の心を動かすことのできる美しい感性ややさしい心そのものが、「愛される女性らしさ」なのです。

あなたがあなたの美しい心で男性と関わることで、男性は、一人ではけっして得られないような感動を得ることができます。時には支えてもらうことで心強さを感じたり、苦しみを分かちあうことで癒《いや》されたり、あなたが無邪気に笑うことが、喜びにつながることもあるでしょう。

かけがえのない愛は、お互いの心のつながりから生まれるのです。

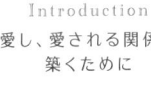

女性らしい感性を開けば引きあう現実が変わる

多くの方にとって、恋愛することはとても大変で難しいことかもしれません。しかし、実際には、恋愛をはじめることは、本当に魔法のように簡単です。レッスンすることで、その日のうちに効果が表れる方も多くいらっしゃいます。

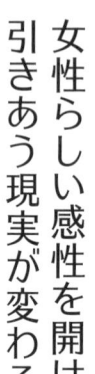

なぜなら、私たちの恋愛は、私たち自身の考え方、在《あ》り方次第で、簡単に変わってしまうからです。

K葉さんは、今まで、自分には女性らしさが足りない、そのために男性と深い関係を築くことができないと思い込んでいました。自分に自信が持てなかったため、きれいになるためにお金をつかい、流行の服を着て、話し方や振る舞いの講座にも通いました。たしかにそれで表面的には女性らしくなったのですが、でも、ほかにもっとすてきな女性もいるし、もうアラフォーだし……と、さまざまな考えに縛られてしまい、とても苦しんでいたのです。

K葉さんには、本当は外見だけではない、すばらしい女性的な感性がありました。気配りができ、誠実で、人の話にはメモをとりながら耳を傾けます。また、人の気持ちに敏感で、いつも相手に気づかいの言葉をかけるやさしさを持っていました。しかしK葉さんにとって、これらのことはあまりにも当たり前で、とくに価値があることだとは思っていなかったのです。

セッションを通してこのことに気づいたK葉さんは、流行の洋服ばかりを追いかけることをやめ、きれいな話し方というよりも、やさしい言葉をかけたり、相手の話を覚えていてさらに話題を広げてみたり、人の悩みを聞いてあげることを心がけました。

すると、みるみるうちに温かくやさしい雰囲気があふれだしました。人と関われる自分がうれしい、そんなおだやかな気持ちで、会社でもまわりの人を気づかうようにしていたところ、「君といると安心できる」と男性からアプローチされるようになりました。ここまで2週間もかかっていません。つまり、人との関わりの中で必要な感性を開いて、それを表現することができれば、その瞬間に他者に与える印象が変わるのです。

わずかな時間であったとしても、ポイントをおさえれば、効果はすぐに表れます。苦しい努力や、時間のかかるダイエットや、お金のかかる美容や、必死になって勉強するつらさはありません。

ただ、**女性らしい感性を開き、それを自然に表現できる自分になるだけ**なのです。

そして、こうして内面が改善されると、その内面の美しさに惹《ひ》かれる人と自然と引きあうようになるんですね。

たとえば前述のK葉さんであれば、今までは「人の内面にはこだわらない。女性なら誰でもいい」というような男性を引き寄せてしまっていました。そのため、お付き合いするととたんに相手の態度が冷たくなったり、浮気されたりすることもありました。しかし、人にやさしく、感情がとても豊かで繊細という彼女の「内側の美しさ」を表現したところ、おだやかで、人生でさまざまな経験をして成熟した魅力を持っている男性と引きあったのです。

このように、私たちが、「今までの恋愛がうまくいかなかった原因」に気づき、自分の表現を変えることができれば、周囲はすぐに変化したあなたに気づきます。あなたが思っている以上に皆、あなたという女性に対して関心を持っています。

あなたの在り方が変われば、あなたと関わる人の態度も、接する人の縁も変わります。

今まで関われなかったような人から価値を見出されたり、「あんなふうに愛されたい」と思っていたような愛情をいつのまにか得て、毎日が幸せで満たされている。そんな人生を送れるようになるのです。

愛とは、心の中に相手の居場所をつくること

愛しあうことに憧れながらも、具体的に愛しあうとはどんなことなのかを考えたことがある人は、少ないのではないでしょうか。

愛とは、「自分をすべて差し出しながら、相手をありのまま受け止める」ということです。

人にはできることもできないこともあります。そんなとき、「あなたはできないから嫌い」となるのではなく、「できないこともあるよね。私もできないこともあるけれど、できることもあるよ。じゃあ一緒に協力しあっていこう」というように、ありのままの人間どうしが、お互いに助けあいながら生きていくことなんですね。

お互いの知識を分かちあって楽しく生きられるように工夫したり、相手が病気のときは支えたり、自分が苦しいときは抱きしめてもらったり、時にはユーモアのきいた会話で笑いあったり、将来に向けて真剣に話しあいをして新しい未来を二人でつくっていく。こんなふうに、「**心の中に相手の居場所をつくり、自分のすべてで関わること**」が愛なのです。

たとえ容姿がすばらしかったとしても、心がつながっていなければ、理解しあっているという喜びを感じたり、受けいれてもらっているという安心感を得ることはできないでしょう。スタイルの良さは、「すてきだな」という憧れは生みますが、その人とともにいる温かさを生み出すものではないのです。

誰かのことを思い、誰かの気持ちを考え、寄り添い、自分のことのようにその人を感じながら、苦しみも、喜びも分かちあうこと。相手の存在を心から愛しいと思い、受け止め、慈《いつく》しむこと。

あなたがあなたとして、自分のすべてを差し出して相手と関わる覚悟を持つことができれば、二人は表面上のことに左右されない、揺るぎない絆《きずな》をつくることができるのです。

ずっと愛される私になるために

愛について考えるときに、もう一つ大切なことがあります。それは、愛とは瞬発的なものではなく、慈しみ、育てていくものだということです。

私たちはどうしても、その瞬間に起きている出来事に心を奪われてしまい、そのことだけに流されてしまうことがあります。

たとえば、大切な彼との間で、些細《ささい》なことがきっかけでケンカをしてしまった。そのときのあなたは、本当にその出来事が苦しかったし、さみしかったし、つらかったのです。

だからこそ、感情をぶつけて怒ったり、泣いたりしてしまったのかもしれません。けれど、愛とは、こうしたことすべてを含めて、それを乗り越えて育てていくものです。

よく、「大切なことは失ってみなければわからない」といいます。この言葉は、恋愛によく当てはまります。その瞬間は、自分の気持ちが先立ってしまっていて、その関係がいかに自分にとって大切なのか、すっかり抜け落ちてしまっているんですね。だから、言ってしまって、もう元に戻れないところまできてしまって、「ああ、やっぱりあんなこと言うんじゃなかった！　神様時間を戻してください！」と思うこともあります。

愛とは、とても繊細で、大切にしなければ壊れてしまうものなのです。

常に気づかい、たとえ感情的になることがあったとしても、「ごめんね」とすぐに相手の大切さを思い出し、もう一度一緒に生きていけるようにお互いに協力しあうこと。すれ違いが起きてケンカになったら、「なぜ相手のことが嫌だったんだろう？」と考えながら、時間をかけて相手を知り、改善しあっていくこと。こうしてお互いに理解し、関係性を深めていくのが本当の愛なのです。

ですので、一瞬で恋に落ちて……一瞬で相手のものになって……という関係は、その瞬

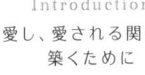

間、あるいは数年はいいのですが、その後、刺激が失われてしまうと、継続することが難しくなってしまうかもしれません。

本書では、あなたの中にある魅力を適切に表現し、男性を理解し、愛を深めていくためのレッスンを行っていきます。それは、美しく「なる」というよりも、美しく「在《あ》る」ためのレッスンです。

美しい在り方が身につけば、物事や相手の態度に一喜一憂することなく、あらゆる状況に対応できる力がつきます。いつも大切なことを忘れない、思いやり深いあなたになることで、ゆるぎない愛を育てていくことができるんですね。

もしもあなたが年老いて今の美しさや肌のハリがなくなったとしても、こうして二人で築き上げた愛が失われることはありません。たとえ病気になってしまったとしても、慈しまれ、大切にされる、本当の深い愛が生まれるのです。それは、あなたがどんな家庭で育ったとしても、過去にどんな苦しい恋愛をしてきたとしても、関係ありません。

健《すこ》やかなるときも、病めるときも、喜びのときも、悲しみのときも、富めるときも、貧しいときも、目の前にいる男性を愛し、敬いあい、慰めあい、助けあい、その命ある限り、真心を尽くすことを誓いあう。

必ずこうした理想の関係を手にすることができるのです。

本書ですること

それではこれから、「愛し、愛されるあなた」になるためのレッスンをしていきましょう。

本書では、次のことを一緒に学んでいきます。

・あなたという人の魅力を引き出し、「この人でなければだめだ」と思われるような輝く個性を開花する方法
・年齢や外見に左右されない「愛される女性らしさ」の磨き方
・男性の心理を知り、寄り添えるようになるための心構え
・男性に心を開いてもらうための話し方・コミュニケーションの方法
・どんなふうに男性と親密感を育て、愛を深めていけばいいかについて

こうした学びを通して、読み終わるころには、「真実の愛」が、身についていることでしょう。また、本書には、幸せに愛されるようになった女性たちの実例を入れてあります。苦しくなったり、心細くなったりしたときは、「私だけではない。そして、実際に変わった人もたくさんいるんだ」と自分を安心させてあげてください。

すべてを完璧にしようとせず、読みやすいところから読むだけでも、新しい理解が生まれますし、今までの思い込みがなくなったり、孤独だった心が癒《い》えることもあるでしょう。そうなれば、もうあなたは「愛し、愛される人生」をはじめています。

ここで一つ、注意点です。学びを深めるために、これまでしてしまっていた「自分磨き・女性磨き」のいくつかのことは手放してみてください。

「容姿が美しくなければ愛されない」という思い込み。
「あの女性よりもきれいにしなければ」という競争意識。
「どうせ男性は年齢で女の価値をはかるんでしょ」という考え。

これらは、恋愛で悩める女性をいっそう苦しめる考えの3大要因ですが、実際には、「男性と本当に愛しあう」ためには必要のない考えです。

本書では、容姿だけにこだわったり、テクニックで男性の気を引くのではなく、あなたが生まれながらに持っている才能を表現することで、男性を魅了できる女性になるためのレッスンをしていきます。あなたの存在そのものに男性が惹かれ、手放せなくなるほど深く理解しあい、そばにいてほしいと求められる未来が手に入るでしょう。

これまで相談にいらした本当に多くのみなさんが、バツ2、年齢（アラフォー）などにかかわらず、自分だけを丸ごと愛してくれ、自分自身も相手を丸ごと愛せるパートナーとめぐりあい、人も羨《うらや》むほどの関係を築いていらっしゃいます。

もう一つ、レッスンをはじめる前に、とても大切なことをお伝えしたいと思います。

それは、あなたを愛する男性にとっては、あなたがすべてであり、人生の中心であり、誰よりも何よりも大切な宝物だということです。

あなたの愛に彼は居場所を感じ、あなたの笑い声に喜びを見出し、あなたと苦しみを分かちあうことでどんな苦難も乗り越えられるようになります。

あなたには、その責任をしっかりと持ってほしいのです。「私はこの世界で、相手にとって、たった一人のかけがえのない女性なんだ」ということを、受け止めてほしいのです。


愛する人にとって大切なあなたという存在を、あなた自身が粗末にしてはいけません。

愛する人にとってかけがえのないあなたの肉体を、あなた自身が安売りしたり、批判して痛めつけたりしてはいけません。

愛する人にとって魅力的で唯一の宝物であるあなたを、「私には何もない」なんて無価値に思ってはいけません。


しっかりと、「世界にたった一人のあなた」を心から尊重し、愛する人に差し出せるあなたでありましょう。

さあ、愛される覚悟はできましたか？

今、この瞬間、あなたは癒す力を持ち、愛する人を抱きしめる手を持ち、やさしい言葉を持ち、女性らしい感性を持ち、豊かな経験と世界にたった一つの個性を持った、すばらしい女性です。

顔を上げて、とびきり美しいあなたとして、一歩を踏み出しましょう。

あなたの存在が相手の光となり、「君がいてくれることで生きている価値がある」と言われるほどのすばらしい愛が、本書を読み終えたあなたの手に入っていることでしょう。

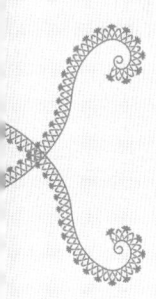

Lesson 1

あなたの中にある「母」「娘」「同志」の3つの感性を磨く

あなたの中に眠る「母」「娘」「同志」という3つの感性を表現することで、お互いに支えあう愛の関係がはじまります。永遠の絆の土台となる感性を開花させましょう。

深く愛しあうために必要な「母」「娘」「同志」3つの感性

たとえば、いつもは強く毅然《きぜん》と振る舞っているけれど、本当は傷つきやすく繊細な面を持っていたり、普段は女の子らしくやわらかい物腰なのに、じつは男性と仕事で堂々とわたりあえるほどの知性と度胸にあふれていたり――私たちの中には、自分でも気づかないほどの「さまざまな自分」が存在しています。強い自分、弱い自分、女性らしいたおやかな自分、男まさりでしっかりした自分。これらは一つひとつが、あなたの魅力です。そして、こうした自分の中にあるさまざまな側面や感性を受けいれ、上手にいかすほど、人生をより豊かに生きられたり、人と上手に関わったり、男性と深く愛しあうことができるんですね。

その中でも、とくに恋愛で大切なのが、あなたの中にある「母としての感性」「娘としての感性」「同志としての感性」という3つの要素です。相手が弱っているときは母親のように温かく包み込んだり、反対に自分がつらいときは娘のように守ってもらったり、あるいは同志のように強く支えあいながら協力したり……こんなふうに、自分や相手の状態に合わせながら、自分の中にある３つの要素を使い分けることで、より深く寄り添えるようになります。

しかし多くの女性が、本来持っているはずの、これらの要素をいかすことができていません。なぜなら、私たちは子どものころから周囲の価値観にそって生きることを強制され、その結果、「求められた役割」だけをこなすようになってしまうからです。

たとえば、「いつも真面目で犠牲的に誰かの面倒をみる人」であったり、「人の言うことを聞いて従うだけのおとなしい女性」であったり……。本当はたくさんの魅力的な部分があるにもかかわらず、自分の一つの側面だけにフォーカスしてしまうことで、偏った生き方しかできなくなってしまうのです。

その結果、恋愛においても、「いつも尽くして犠牲になる」「女性扱いしてもらえない」「遊ばれて終わってしまう」というような、偏った苦しい関係になってしまうのです。

こうした関係を改善し、幸せに生きていくためには、**女性として本来持っている「母」**

「娘」「同志」という3つの感性を磨き、バランスよく表現していく必要があります。

「母としての感性」とは、やさしく相手の存在や痛みを包み込み、尽くせる感性のことです。人の弱さやできないこと、苦しいことなどを丸ごと受け止めてあげる在り方です。また、相手ができないことをしてあげたり、甘えさせてあげるような母親的な存在でいることです。

「娘としての感性」とは、守ってあげたくなるような、娘的な魅力にあふれた繊細な在り方のことです。ある時は、「これができないからやってもらえたらうれしい」というように、自分のできないことを自覚しながら相手の存在を信頼し、頼ります。またある時は、子どもが親に甘えるように相手に甘えるなど、「あなたがいなければだめなの」とまっすぐに伝えられる素直さを持っています。

「同志としての感性」とは、人間的に尊敬しあい、成長しあえる同志や友だちのような在り方のことです。たとえば、相手が間違えたときは対等にそれを注意し、リードできるような関わり方ができます。同時に、自立した大人として向きあい、相手が弱っているときは支えられるだけの強さを持っています。

これらの感性は、あなたの中にもともと備わっているのですが、今までは使われていなかったかもしれません。眠ったままの感性は、意識的に使ってあげることで、どんどん引き出されていきます。

時には娘のように男性に守ってもらいながら、甘え、やさしさを受け取り、子どもどうしのように楽しみを分かちあい、苦しいときは親友のように支えあい、一緒に乗り越える。そして、相手がつらい悲しみの中にあるときは、母親のように抱きしめ、励まし、温かく見守る。人生にはさまざまな出来事が起こりますが、こんなふうに3つの要素がそろうとき、はじめて相手を深く理解し、バランスよく支えあいながら、二人で乗り越えていけるのです。

3つの感性を磨けば人生が変わる

K梨さんは、それまで男性に尽くすことのできる母性あふれる女性でした。包容力があり、家事や料理が得意で、仕事で疲れて帰ると、K梨さんの笑顔に心から癒されます。しかし、半年も経つと、彼は「昔の友だちと釣りに行ってくるよ」と、一人で出かけてしまうことが多くなりました。夜遅くに帰ってきて、あまり話もせずに寝てしまう……。やがて二人で出かけることも少なくなり、K梨さんは「私って都合の良い女？」と思うようになり、別れてしまいました。

S香さんは、バリバリのキャリアウーマンとして働いていました。お付き合いをしているのは、別の部署で働いている同世代の男性です。お互いに尊敬しあい、仕事の情報を交換しながら切磋琢磨《せっさたくま》していて、とても充実していました。ある日、彼が新入社員の女の子と噂になっていることを聞きました。彼に限ってまさか……と事実を確認したところ、「そんなことないよ」と笑顔で否定してくれたため、ほっと胸をなで下ろしました。けれども、その日以来彼の態度はよそよそしくなり、別れを切り出されてしまいました。

J子さんは、とてもかわいらしく、誰の目から見ても「守ってあげなければ」と思えるような可憐《かれん》な魅力にあふれる女性でした。どちらかというと仕事には興味がなく、将来の夢はお嫁さんです。容姿や愛らしさに多くの男性が引き寄せられ、モテます。しかし、お付き合いはできても、結婚にまで至りません。頻繁に声をかけてくれる男性はいますが、3か月程度で別れてしまい、いつまでも運命の人に出会えませんでした。

この3名は、それぞれ「母」「娘」「同志」としての感性は際立っています。けれど、どの方も、一つの感性しか磨かれていませんでした。そのため、偏った関わり方しかできず、パートナーとの間に起きた問題を乗り越えることができなかったのです。

前述のK梨さんは、これまで相手を支えることばかりに意識が向いており、楽しんで一緒に人生をやっていくという考え方をしたことがありませんでした。このことに気づいたK梨さんは、相手に尽くしすぎず、お付き合いを楽しむことを心がけました。すると、今まで抱えていた重荷がなくなり、お互いに対等に楽しめる彼とめぐりあうことができたのです。

S香さんは、あまり人に頼った経験がなく、頼ることは屈辱的なことだと思っていました。そして、それがプライドの高さとなって相手との距離をつくっていたんですね。S香さんは、意図的に弱さを見せたり、周囲の人に頼ってみました。すると、驚くほどやさしく気づかわれたり、エスコートされるようになりました。

J子さんは、依存的で流されやすかったため、相手と支えあうことができず、男性にとって重くなりやすい面がありました。J子さんは人に甘えるだけではなく、自分で物事を決めて行動したり、積極的にまわりの人をサポートするようにしてみました。すると、助けてもらったと感謝されることが増え、その中の一人から結婚前提の交際を申し込まれたのです。

母性を育てる

「母性」は、文字どおり、母親のように受けいれ、包み込む感性のことです。たとえば、男性が苦しんでいるときにやさしくその気持ちを受けいれることができる。いつも温かく見守り、味方になって励まし、勇気づけることができる。こんなふうに相手に寄り添えるようなやさしさが母性です。**母性があることによって、痛みを癒すこともできますし、相手に安心感を与えることもできます。普段、会社などで競争している男性にとっては、欠かせないものです。**

男性は、母性をもって接してもらうことで、リラックスし、平和を感じることができます。「がんばり続けて大変だね。でも、もっと甘えていいし、リラックスしていいよ」。こんなふうにやさしく呼びかけられると、男性は本来の自分に戻ることができます。仕事で良い結果を出すために戦い続け、「しっかりやらなければ」と責任を背負っている男性の緊張がゆるみ、解放されるのです。

母性の根底には、相手の気持ちを自分のことのように感じるやさしさや、慈悲深さがあります。たとえば、傷ついた人を見ていたたまれない気持ちになったり、悲しんでいるときに一緒に泣いてしまったり。また、見返りを求めずにやさしくしたり、相手が楽になるように面倒をみるという行動も母性にもとづくものです。

自分の中に温かい母性を育てるためには、まずはあなたがあなた自身に対して、「寄り添う」「共感する」「意識を向ける」ということをしていきましょう。

たとえば、誰かに嫌なことを言われて苦しい気持ちになったら、「大変だったね、苦しかったね、悲しかったね。泣いてもいいんだよ。無理しなくていいよ」というように、自分自身にやさしい言葉をかけたり、抱きしめて泣かせてあげるのです。そして、おいしいものを食べさせてあげたり、温かいお風呂に入れたり、心地いいと感じるような環境にあなた自身を置いてあげます。あなたがあなたの母親になって、あなたを見守りながら、温かい労《いたわ》りの心を持って接し、ふれてあげましょう。

そして、自分という存在を労れるようになったら、今度はその気持ちを男性に向けてみましょう。

たとえば、彼が悲しんでいたら、ただ、「悲しかったね……」と寄り添いながら、泣かせてあげ、慰めてあげる。

普段から「よくがんばっているね。あなたはすばらしい人よ」というようにやさしい言葉をかけ、認め、ほめてあげる。

人間関係に傷ついていたら、「つらかったね。もうあの人から離れようね」と、距離を置いて守ってあげる。

疲れているときは、ご飯を作ってあげたり、ゆったりと時間をすごさせてあげる。

こんなふうに、母性をもって男性と接することで、男性に「心の居場所」をつくってあげることができます。苦しみに寄り添い、慰め、労り、大切にしてあげる。相手のことを自分のことのように感じながら大切に思って接することで、男性は「君がいてくれてよかった」と、心からのやすらぎを感じるようになるのです。

母性の基本は、「ありのままの相手を理解し、受けいれ、味方になる」ということです。相手を否定せず、受けいれる姿勢を示すことで、相手はあなたの存在に安心し、心を開いてくれるようになるのです。

レッスン Lesson

・批判することなく共感したり、やさしく接することを心がける
・相手の痛みを自分のことのように感じて、理解し、同情し、労る習慣をつける
・いつも温かい言葉をかけ、気づかい、励まし、味方でいる
・あなた自身がリラックスできるように環境を整え、あなた自身がおだやかでいられるように、自分のことを抱きしめたりやさしくする

娘のような感性を育てる

「娘のような感性」とは、少女のように可憐《かれん》で無邪気で、純粋な感性のことです。同時に、弱く、頼りなく、思わず守ってあげたくなるようなはかなさも持っています。完璧主義を手放し、自分のありのままの弱さを感じているため、人に頼ることもできますし、子どものように遊ぶこともできます。また、素直で、泣いたり笑ったり自分の感情に正直です。

娘のような感性で接すると、男性は、「この人を守ってあげなければならない」という「男性としての強さ」を感じることができます。無防備に頼ったり甘えたりしてもらうことで、「この世界で必要とされている」と感じることができるのです。何よりも、純粋に笑ったりうれしそうにしているあなたの姿を見るだけで、男性はおだやかな愛を感じることができます。

こうした娘のような明るさや弱さを育てるためには、子ども時代に戻ったかのように振る舞い、ありのままを感じ、表現してみましょう。

たとえば、時間を忘れて絵を描いたり、ピアノを弾いてみたり、自分の中に「小さな女の子」がいることを意識しながら、その女の子が喜びを感じられるように行動してみるのです。草原を走ってもいいですし、もっとおしゃれをしたかったのなら、きらきら光るかわいいアクセサリーで自分を着飾らせてみるのもいいでしょう。

子どものころは、やりたいことがあったとしても、学校や親などまわりの影響で、それができなかったかもしれません。でも、もう大人になったあなたは、自分で自分に喜びを与えられる力を持っています。

また、自分の気持ちをありのまま感じることも心がけてみましょう。私たちは大人になると、社会やまわりの目を理由にし、「……だからがまんしなければならない」「自分の気持ちを言ってはいけない」と制限をかけるようになります。しかし、本当は、自分の気持ちを素直に感じ、それを素直に表現していったほうが、お互いにわかりあうことができるのです。

何か悲しいことがあったときは、「ああ、とても悲しかったし、怖かったし、嫌だったな」というように、気持ちをストレートに感じるようにしてみましょう。**喜怒哀楽をそのまま感じ、「感じていいんだよ」と自分に許可していく**のです。

喜びを感じ、時には怒り、自然に笑い、やりたいことをしているあなたは、それだけでまぶしい存在です。あなたが娘のように純真無垢な状態でいることで、男性はあなたを守る強さを持った自分自身を感じることができます。また、あなたの感性に感化され、男性自身も喜びや自由さを感じられるようになるのです。

レッスン Lesson

・子ども時代を思い出しながら、やりたいことをやり、純粋に楽しみながらすごす
・かまってほしい、遊んでほしいというまっすぐな気持ちで男性と関わる
・自分の気持ちをストレートに表現し、「愛している」「あなたが必要なの」と伝える
・悲しい、苦しい、怒りといったマイナス感情も、正直に感じる

同志としての感性を育てる

「同志としての感性」とは、一緒に人生をやっていく凜《りん》とした在り方のことであり、男性が弱っているときに支えられる強さのことです。また、自分がしっかりとした意志を持ち、考え、主体的に生きることで、時には相手を注意したり導けるような聡明さを身につけることです。言い換えれば、「生きていくための基本的な強さ」を育てていくことです。これは、行動面・精神面の両方で必要となります。

同志としての感性を持つことで、「苦しいときも、つらいときも、うれしいときも、怒っているときも、いつも一緒に乗り越えていく」という、まさに人生のパートナーとしての揺るぎない関係を築くことができます。 また、対等な立場で意見を言いあえたり、自分が間違えたときに教えてくれる人がいれば、人生はより豊かなものとなります。

まずは、日常生活において、できるだけ「自分で自分の面倒をみる」ということを心がけていきましょう。簡単なところから、たとえば自炊して自分の健康に気をつかう、定期的に掃除をして自分が心地よくいられるような環境をととのえる、などからはじめましょう。仕事を持ち、自分で稼げるようになることも大切です。

同時に、精神的にも自立できるようにしていきます。精神的な自立とは、自分の良き理解者になるということです。たとえば困難にぶつかったとき、誰かにぶつけたり、「なんで私ばかり不幸なの？」と嘆くのではなく、「どうしたら自分が楽になれるだろう？」と考えてみる。問題に向きあい、自分がどうしたいかを自分で考え、それを実行する。これが精神的に自立するということです。

また、男性が弱っているときは、それを補えるだけの強さも必要です。この強さは、「常に強くあらねば」ということではありません。いざというときに自分が相手を助けられるだけの備えを持つということです。たとえば、普段からしっかりと自分の仕事を持ち、自活している、もしも相手が病気になってしまったら看病する、お金を大切にして貯金をしている、世情に興味を持ち、将来どんなふうにすごすのかを考えているなどです。

あなたがこうした姿勢でいることで、男性は、いつも強く在らねばならないという苦しみから解放されます。いざとなったら一緒に乗り越えてくれる人がいるということは、男性にこれ以上ない勇気と安心感を与えるのです。


日常生活の中で同志としての強さを育てるときは、とくに「他者に貢献する」ということを意識してみてください。同志であるということは、積極的に自分から与え、愛を表現するということです。それは、たとえば「自分が得意なお菓子を作ってプレゼントする」ということでもいいですし、得意な仕事を率先してやる、ということでもかまいません。募金をする、同僚に手伝うことがないか声をかけてみるということでもいいでしょう。

「与えることで、誰かが幸せになる」ということ、そして何よりも、「誰かに貢献することで、人を喜ばせることができる」という自分になることが大切です。

レッスン Lesson

・自分の感情を周囲にぶつけず、自分の中で処理してみる
・彼が弱っているときに支えたり、より良い方向にアドバイスをする
・仕事をしてお金を稼ぐ、自分で自分の生活を支える
・どんなときも自分の意見を持ち、自分の意志で行動する
・普段からいざというときのために備えておく
・ちょっとした貢献を意識し、普段から与える練習をする

この瞬間を一緒に楽しみ、無邪気に甘える

相手の悩みを聞く、相談にのる、といったことからも愛は育ちますが、これと同じくらい愛を深めるのが「ともに喜びや楽しさを感じる」ということです。

男性は、大人になってからも、子どものままの一面を持っています。たとえば夜通しゲームをして遊んだり、海に行って子どものようにはしゃぎまわったり。こんなときは、ぜひ、あなたも一緒に楽しんでください。遊んだりはしゃいだりすることを引いて見るのではなく、ともに楽しむのです。夏はプールに行って、花火を見よう、秋はお弁当を作って紅葉を見に行こう、冬はスノボにスキー！　そんなふうに、子ども時代に戻ったように無邪気に遊んでみましょう。一緒に遊ぶ時間は、男性の心を解放し、「もっと一緒に楽しもう！」という気持ちを抱かせます。

ちゃめっけたっぷりに、「一緒に行こうよ！」「あなたが必要だからもっと愛して！」と甘えることも、男性にはうれしいことです。なぜなら、甘えるという行為は、「あなたのことが必要で仕方がない」という愛情表現だからです。

「甘える」ということは、相手をとても必要としている自分自身の弱さを受けいれながら、頼り、ほしいものをお願いすることです。イメージとしては、子どもがお母さんにおもちゃを「ねえ買って？」とお願いする、心細いときに「だっこ」とせがむ、このような感じです。

「自分は今これがほしいの。だからしてほしいなあ。自分だけではどうにもならないんだけれど、あなたならできるから」

「あなたに抱きしめられたら、一瞬で心細さが吹き飛びそう。だからもっと触れて！」

「一緒に遊ぼう！　あなたといると、とっても楽しいんだもの」

こんなふうに、無邪気にストレートに、自分の欲求を相手にお願いするのです。

このとき、かしこまって「こうしてほしいです」と頼むより、自分の中にいる小さな女の子を思い浮かべながら、「ねえ、してくれる？　あなたのことが必要なの。だってあなたが大好きだから！」。そんなふうに笑顔をあふれさせながら、子どものような口調で伝えてみましょう。

くったくのない愛情表現は、男性の心にストレートに響きます。男性は、この女性を守ってあげたい、自分という存在が必要とされている！ そんな極上の喜びを感じることができるのです。

男性の腕の中で喜び、守られるあなたになる

男性の中には、「愛する女性を助けながら、その人の役に立っていたい。自分がプリンセスを守るナイトでいたい」という欲求があります。助けることで自分の力を確認し、「自分はここにいていいんだ」という安心感を持つのです。だから、あまりにも自分一人で何でもやりすぎてしまったり、助けを求めることが悪いことだと思い込んで遠慮していると、男性は物足りなくなったり、自分の存在の意味を見出せなくなってしまうのです。お決まりの「君は一人でいても大丈夫、でも彼女は……」というセリフは、こういった理由から出てくるのです。

たとえ、あなたがどんなにしっかりしたすばらしい女性だったとしても、あえて彼に「あなたのナイトになる」機会を与えていきましょう。

何かをしてもらったときは、思い切りそのやさしさを受け取りながら、心からの喜びを表現しましょう。「ありがとう！　うれしい！」「わあ！　こんなにしてくれたの？　大好き！」など、ストレートに喜びと感謝をあふれさせてみましょう。

あなたがいてくれてうれしい、あなたがこんなふうに私に関わってくれて本当に幸せなの！　そんなふうに伝えれば、男性も「自分はこの女性をとびきり幸せにできている」と自分に誇りを持つことができます。

そして、一度、「自分はこの女性の役に立つことができる」「自分はこの女性を喜ばせることができるんだ」という誇りを持つことができれば、男性はそれを記憶し、相手のほうから関わってくれるようになるのです。

また、あなたから助けを求めてもすばらしい結果になるでしょう。意識して荷物を持ってもらう、旅の計画を相談する、困っていることに具体的なアドバイスをもらう、自分が答えを見出せないことを解決してもらうなど、積極的に「彼を必要としている」ことを伝えていきましょう。

このとき、「すばらしい能力を持っているあなただから、ぜひ力を貸してほしい」と、相手を認めながらお願いすると、なおいいでしょう。男性にとっては、それだけで「頼りになる男性だと認められている」ことになるのです。

S美さんは、それまで「助けは必要ないから求めない」という生き方をしてきました。幼いころ、母親から「自立するように」と言われて育ってきたため、いつも自分一人で完璧にこなさなければと強迫観念を持っていたのです。けれど、しっかりすればするほど、ちゃんとすればするほど、男性との関係は深まらない……人生の中に男性が入る隙間をつくることができていなかったのです。

「一人で生きていける」という姿ばかりを周囲に見せていたことに気づいたS美さんは、「本当は協力してほしい。助けあいたい」という自分の気持ちを認め、男性に対しても積極的に助けを求めるようになりました。すると、男性との関わり方が根本的に変わり、S美さんを助けてくれるパートナーが現れたのです。

助けを求めることは、負けることではありません。周囲のすばらしさを認め、積極的に協力しあいながら生きるということです。その反対に、もしも男性ができないことや苦手なことがあれば、あなたが助けてあげてください。

お互いに得意なことを差し出しながら、二人で一つの人生をつくっていく。それが、愛しあうということなのです。

うれしいことも、悲しいことも、ともに感じて乗り越える

人生には、予期せぬさまざまな出来事が起こります。うれしいことも、悲しいこともあります。せいいっぱい生きていたとしても、病気になってしまったり、やむをえず退職しなければならないこともあるかもしれません。そんなときに必要なのが、「人生を生きる同志として相手に共感する力」です。

人は、「同じ感情を一緒に感じる」ことで、親密感を深めます。たとえば自分がうれしいときに相手が冷めた目をしていたら、気持ちもげんなりしてしまいますよね。けれど、一緒に喜んでくれたとしたら、「もっとこの人と一緒にいて、感情を分かちあいたい」と思えることでしょう。

相手に何かうれしいことがあったときは、まるで自分のことのように喜んであげましょ

う。「そんな小さなことに喜んでいるの？」ではなく、「あなたの喜びが私もうれしいの！」と一緒に感じるのです。楽しんでいたら、手放しで一緒に楽しんでみましょう。

相手が何かに怒っているときは、あえてなだめずに一緒に怒ってあげましょう。怒りを感じているときは、必ずその下に、受けいれてもらえなかった悲しみや、否定された苦しみがあります。そうした気持ちがあることを理解し、受けいれ、この状態を肯定してもらうことで、人の心は落ち着いてゆきます。

相手が悲しんでいるときは、無理に元気づけようとするのではなく、一緒にその悲しみを感じましょう。人は誰かがそばにいて「悲しんでいていいんだよ」と言われることで、初めて安心して泣けることもあるのです。何もせずにそばに寄り添うということは、時に言葉で伝えるよりも多くの愛を与えることができるんですね。

生きるということは、時に孤独をもたらします。けれど、苦しみがあったとき、大変なことがあったときに、同じ目線で寄り添ってくれる人がいるということは、それだけで生きる力を与えてくれるのです。

自分を律する心を持つ

たとえば悲しくなったとき、苦しくなったとき、相手の状況を考えずに頼ることをしていませんか？　相手が仕事で忙しい、人生をかけてがんばらなければならないことがある……そんなときに相手の状況を考えずに頼ってしまうと、二人で苦しむことになります。

とくに、自分の気持ちばかりに意識が向いて感情をぶつけてしまうと、愛しあう二人の間で、「自分だって大変なのに」という苦しみの競争が起きてしまいます。

こうしたときに大切なことが、「自分を律する」ということです。相手に頼りたい気持ちがあっても、相手も大変なときはぐっとこらえる。感情をぶつけずに、ほんの少しだけ話を聞いてもらって満足するなど、「自分を律することで相手を支える」のです。

自分は今苦しい。でも、相手にも苦しいとき、つらいときがある。それを理解し、自分をコントロールする強さを持つことが、大人として対等に「同志」として愛しあうということです。

場合によっては、会いたい気持ちを抑えなければならないときもあるでしょう。どうしても仕事が忙しく時間が持てないときや、彼が転職して、金銭的に今までと同じデートができなくなることもあるかもしれません。こうしたときに、相手と同じ立場で考え、相手を思いやる心を持つことで、人生を一緒に乗り越えていく絆が生まれるのです。

これは、やみくもにがまんをして犠牲になることではありません。それが「幸せな未来のため、二人のためになる」ことであれば、がまんは美しい忍耐に変わるのです。

嫌なことをただがまんするのでは苦しくなりますが、相手のことを理解し、受けいれ、自分を律する力をつけることは、お互いに支えあって生きていくうえで欠かせないものなのです。

あなたが相手の心の居場所になる

人は誰しも、心の中で、「安心できる場所」を求めています。ここでの「安心できる場所」とは、自分の存在を肯定し、認めてくれるという「心の居場所」のことです。どんな人であっても、批判されながら生きることは容易ではありません。それは、男性でも女性でも同じです。だからこそ、人は相手との関わりあいの中で、「いつでも私はあなたの味方だよ。大丈夫だよ」という母親からもらうような無条件の安心感を与えられると、相手に対し、親密感を覚えるのです。

心の居場所をつくるために必要なことは、相手を受けいれてあげること、相手を肯定すること、相手を理解することです。

いつも相手の存在を肯定するような言葉をかけ、相手を心から信頼し、味方になってい

ることを伝えていきます。たとえば、「あなたがいてくれるだけでうれしい」「あなたがいることで、こんなふうに喜びが増えたの」というように、相手の存在に感謝する言葉を積極的に伝えます。

人は、言葉によって相手の思いを初めて知ることができます。どんなに相手の存在に感謝していたとしても、それを伝えなければ、相手にその気持ちはわからないのです。

そして、どんなときも、批判したり、厳しく責めるような上から目線の言い方をすることは避けましょう。「どうしてこんなこともできないの？」と、能力を否定するような言葉をかけられたり、いつもダメなところばかりを指摘されていては、安心してリラックスすることはできません。すると男性は、「ここは自分の居場所じゃない」と感じ、自分を肯定してくれる＝心の居場所をつくってくれるほかの女性のもとへと行ってしまうんですね。

こんな悲しいことにならないように、いつも相手のことを理解するように心がけていきましょう。「この人は今どんな気持ちですごしているのだろう」と想像したり、「もしも自分が同じ立場だったら？」とイメージしながら、相手の気持ちに寄り添ってみます。すると、「苦しかったんだな」「本当は焦《あせ》っていたのかもしれない」というふうに、相手の気持ちに気づくことができるようになります。

K美さんは、それまで男性を受けいれて癒す、ということが理解できませんでした。「相手が悪い」と思うことが多くあり、いつも彼に不満をぶつけていました。「仕事で会えない、君との将来のことを考えているからこそがまんしてほしい」と言われても、「今会えないこと」が不満で仕方がなかったのです。

そのため、彼がメールをこまめにくれたり、K美さんが苦しんでいるときは必ず忙しい合間を縫って電話をくれることを、当たり前のことと感じ、とくに感謝も伝えていませんでした。そして一度は別れる寸前までいったのです。しかし、あるとき、彼の立場になって考えてみると……彼のやさしさが身にしみました。K美さんと将来を幸せにすごしたいからこそ、今はつらくても仕事をがんばっていることに気づいたのです。それ以来、K美さんは、彼に対して不満をぶつけることをやめ、やさしく労ることを心がけるようになりました。

そして、大変だった仕事が落ち着いた数か月後、ついに結婚の日取りを決め、二人で両親の家へあいさつに行くことになりました。そのとき、彼が「今まで支えてくれてありがとう」という言葉をくれたそうです。

「私は何もしていなかったのに、そんなふうに伝えてくれて……」

K美さんの目からは涙があふれました。

二人は力を合わせて幸せな暮らしを築いています。

あなたを肯定しているよ。

あなたと一緒にいられてうれしいよ。

あなたの存在があることで、こんなに世界が豊かになるの。

ここにはあなたを否定する人はいないから大丈夫。ありのままのあなたでいいよ。弱さも、苦しみも、一緒に受け止めていこうね。生まれてきてありがとう……。

相手の存在を認め、あなたの心に相手の居場所をつくることができたとき、あなたは相手に生きる勇気を与えます。これは、あなたもできることなのです。

はじめはリハビリしてみよう

ここまでお読みいただき、いかがでしょうか。もしかしたら、難しいと感じたかもしれません。でも、それは当然です。人は、自分の中にすばらしい要素があったとしても、「慣れていないこと」に対しては、抵抗を覚えるからです。

そんなときは、**はじめは「演技してみる」**ということにチャレンジしてみてください。

たとえば、「意識的に声を上げて笑ってみる」「意識的に人に物事を頼んでみる」などです。演技だからといって、偽りの自分ではないかと不安になる必要はありません。単に、「実際に表現することに慣れていない」だけで、心の中にはこうした側面が必ずあるからです。

M見さんは、それまで「人に頼ることをせず、いつも相談を受ける母親の役」ばかりを人生で請け負ってきました。子どものころから、姉妹の間で「しっかり者」であることを求められ、その自分が当然だと思っていたからです。けれど、その在り方が、大人になってから「男性に甘えられない」「人に弱音を吐けない」「全部抱え込んでしまう」という苦しみに変わるようになりました。

M見さんには、最初は演技でいいので、たとえば「今ちょっと大変なんだ……これやってくれる？」というように甘えてみてください、多少棒読みでもいいので、と伝えました。

M見さんは、仲の良かった同僚に、「ごめん、今日、どうしても頭が痛くて……代わりに、これやってもらえないかな？」と、伝えてみました。伝えてみると、あっさりと「いいよ、無理しないでね。いつもがんばりすぎだから」と声をかけてもらえたのです。

「本当に驚きました……こんなに簡単に引き受けてもらえるなんて！」

今までは、自分の内面を表現したことがありませんでした。けれど、表現してみたところ、「今までの自分とは違う自分」も、周囲はきちんと受け止めてくれたのです。

その後、M見さんは、こんなに簡単なんだ、そして、自分がこんなに楽になれるんだと理解し、いろいろな場面で人に助けを求められるようになりました。その結果、M見さんを支えてくれる同僚の中から、パートナーができたのです。

ここでのポイントは、上手に振る舞うことや完璧にやることではなく、「今までやったことのなかった自己表現をしてみる」ということにあります。それは、笑顔になるだけかもしれませんし、M見さんのように甘えるだけかもしれませんし、あるいは自立してがんばろうと思うことかもしれません。少しずつ、今まで表現したことのなかった自分を外に出すことにチャレンジしていきましょう。

3つの感性で男性を魅了する

私たちは、「1日の中」であっても、「たった1時間の間」でも、「母」「娘」「同志」という3つの感性をもってバランスよく相手と関わることができます。どんなに短い時間でも、3つの感性を取りいれるということを、意識してみてください。

たとえば、遊園地などでデートしたときは、子どものように遊び、一緒に楽しみます。彼と一緒に手放しで遊んだり、まるで子ども時代のような無邪気な二人に戻れるのは本当にすばらしいことです。

そんなときは、母性を使って、「大丈夫？　そろそろ疲れてきた？」と気づかってみたり、同志の対等性を使って「次はいつデートする？」と自分からリードしてみてもいいでしょう。

相手と初対面の場合は、「無邪気に話に花を咲かせる」ことと同時に、「飲み物の減り具合を気づかう」「相手が話し疲れていないかどうかさりげなく気を配る」などのことを意識します。気をつかってばかりだと相手も息苦しくなってしまいますし、議論のようになってしまうと、楽しさからは遠ざかってしまいます。楽しみながらも、さりげなく相手に気づかうというバランスが大切です。

人は、一定の刺激が続くと、その刺激に慣れてしまうという性質を持っています。しかし、あなたが相手に対して3つの要素を使って、あらゆる側面を見せながら接することで、一人の人とお付き合いをしていても常に良い刺激が生まれ、感動が生まれます。

一人の女性からあらゆる側面を感じることができれば、男性はその女性に夢中になります。あなたがこの3つの要素を意識しながら、バランスよく接することができるようになったとき、今までとはまったく違ったすてきな関わりができていくことでしょう。

Lesson 2
あなただけの愛され要素を見出す

あなたはこの世界にたった一人の美しい存在です。男性が思わず愛したくなるあなたの個性を見抜き、それを女性としての自信と魅力に変えていきましょう。今まで気づかなかったあなたの新しい側面を知るレッスンです。

あなたはこの世界にたった一人の美しい女性

本来、あなたには、あなたしか持っていない「きらめくような世界にたった一つの魅力」があります。その魅力にふれた男性は、あなたと一緒にいる喜びを感じ、「この人でなければだめだ」とあなただけを強く求めるようになります。こうしてずっと二人で一緒に人生をすごしていくことになるんですね。

世界でたった一つのあなたの魅力とは、あなたの「個性」のことです。たとえば、かわいらしい茶目っ気を持っていると同時に、じつはしっかり者で、堅実に貯金をすることができたり、料理は早くは作れないけれど、一生懸命健康のことを考えて野菜重視の献立を作ることができたり、落ち込むこともあるけれど、すぐに立ち直ろうとする強さを持っていたり。あなたは、さまざまな面を持っていて、その中にはすばらしい点がたくさんあります。

そして、それらのすばらしさは、一つひとつを見れば、「あの人も持っている魅力」だったとしても、**いくつか組み合わさることで、ほかの誰も持ち得ない「あなただけの個性＝アイデンティティ」となる**のです。

けれども、これらの個性＝魅力に、多くの人は気づいていません。それどころか、「あの人はできるのに私にはできない」と自分を否定したり、社会の基準に合わせて「私には魅力がない」と思い込み、自分を低く見せてしまっています。

A沙さんもその一人でした。女性としての自分に価値を感じられず、ほかの人と自分を比較してダメ出しをすることを繰り返していました。

「あの人よりもすばらしい女性になれば、好かれると思っていたんです」

雑誌を見ては「こうしたほうがいいのかな」と思い、その通りにしたり、まわりの女性と比較して、もっと上位の資格をとったり、自分のほうがすぐれていると思えるように努力を重ねていました。

ところが、実際には出会いの場に行っても緊張するばかり。自分をアピールしなければと気負うあまり楽しめず、男性から好かれる女性を横目に、どんどん自信を失っていきました。ほかの女性はすばらしいけれど、「自分はダメ。だから愛されない」そんな気持ちを育ててしまい、苦しくなって、次第に出会いの場に行くことも、男性と話すこともできなくなってしまいました。

じつは今の社会では、こういったことがたくさん起きています。なぜなら社会全体が、「ほかと比べてすぐれているのがよい」「こうした生き方をするとよい」という価値観を持っているためです。

たとえば「東大に入ればすばらしい」「モデルのように細ければいい」。これらの価値観は、その人の人格や在《あ》り方を評価するものではなく、単に外側のラベルを評価しただけのことです。

けれど、たとえ有名企業に勤めていなかったとしても、子どもに愛情を注ぎ、毎日家族のために心を込めて料理を作るお母さんがいたとしたら、その愛あふれる生き方は私たちの胸を打ちます。花の美しさに一緒に感動したり、山に登って手をつないで深呼吸したり、そんなふうに楽しさを分かちあえたら、心の底から喜びや自由を感じられることでしょう。

「人と愛しあう」とは、自分の感性や価値観、人生への思い、在り方、美意識、こうしたすべてをあわせて、「世界にたった一人の自分を差し出し、世界にたった一人しかいない相手とめぐりあい、お互いを受けいれあう」ということです。これは、「ほかの誰かのようになる」「社会的にすばらしいと言われる生き方をする」ことではなく、「自分だけのすばらしさを認め、表現しながら人と関わる」ことです。

「愛しあうこと」は、「社会的に評価されるラベルを持つこと」とは関係がないのです。

その後、A沙さんとは、自分の魅力や個性を認め、表現するレッスンをしていきました。誠実なところも、短気なところも、若々しい容姿も、おっちょこちょいなところも、かわいらしく無邪気なところも、いろいろなことを抱え込んでしまう真面目さも、人の心の痛みを理解できることも、すべて含めて「私なんだ」と思えるようになったとき、A沙さんをまるごと受けいれ「君は魅力的な女性だね」と言ってくれる男性とめぐりあいました。そして、1か月半後に結婚することになったのです。

今、この瞬間どこかに、「あなたという個性」を必要としている男性が存在しています。すべての人に好かれる必要も、社会の価値観に合わせる必要もありません。ただ、その人にめぐりあうためには、まず、あなたがあなたという女性の個性を認め、表現していかなければなりません。自分を否定し、「自分以外の誰か」になろうとしていたら、せっかくのオリジナルな魅力が消え、「その他大勢」になってしまうのです。

誰かに認められようとするのではなく、自分で自分のありのままを認める。今までとは真逆のことをする勇気が、本当の愛に引きあわせてくれるのです。

あなたの愛され要素を引き出す

まずはあなたが持っている美しさをチェックしていきましょう。ここでは、次の二つのポイントにそって、あなたの「愛され要素」を見つけていきます。

1. あなたが日常生活の中で自然にしている・できていることに気づく
2. あなたの中にある感性や気持ちのすばらしさ（女性性）を認める

一つめは、**今現在の自分が自然にできていることに「気づく」**ということです。たとえば人を気づかう、ていねいに物を扱う、弱い立場の人や苦しんでいる人に共感できるなど、普通にしていることが、じつは「ほかの人にとっては普通にできない、あなただけの才能」であり、人から愛される要素になります。

二つめは、**感じる力や気持ちを才能だと認め、それをのばしていく**ということです。たとえば、美しい空を見て美しいと思えること。これらは、まぎれもなくすばらしい感性です。けれど、感じることは日常生活の中でごく自然に行っているため、それが自分の魅力だとは思わず、その感性自体が人を惹きつける要素であることにも気づいていません。ですので、こうした感性をもう一度認め、肯定することで、さらに愛される要素として強めていくことができます。

私たちは、これらの要素があることによって、初めて日々をより豊かに生きられるようになります。

なぜなら愛は、何か特別なことを達成したときにだけ得られるものではないからです。日常生活の中でのふとした温かいやりとりや、共感しあえること、助けあえること、尊敬できる在り方、こうしたことを積み重ねていくことで愛は生まれ、深まります。

Mさんは、それまで自分に「人や物の美しさを感じる気持ち」があることを、愛され要素だと認識していませんでした。けれど、「花を美しいと感じ、いつも職場に花を飾る」「相手の美しいところ、すばらしい点に気づいて、言葉にしてほめる」ということを続けたところ、職場ではMさんがいることで雰囲気が明るくなるとほめられ、魅力的な女性だという評判になりました。

自分では当然だと思っていること。もともとできていたこと。無理なくできること。あなたがすでに持っているものの中に、あなたの女性としての美しさが存在しています。そして、その美しさを表現し、与えることで、愛を育むことができるのです。

さあ、あなたの中にどんな愛され要素が眠っているかを具体的にチェックしていきましょう。

日常生活ですでにできていること

□喜びを自分でつくり出すことができる　□相手の心を和ませることができる　□どん

な意見も、反論せず聞くことができる　□嫌なことがあっても気持ちを切り替えることができる　□ネガティブなことを言わない　□環境や自然と調和して生きる姿勢を持っている　□いつも前向きで、希望を持ち続けることができる　□客観的に物事を見ることができる　□朗らかでいることができる　□いつも落ち着いていて情緒が安定している　□時事ネタに通じている　□知恵や知識がある　□楽しいことを積極的に見つけることができる　□話題が豊富で好奇心を持っている　□趣味が多彩　□勉強家である　□空想ではない、現実的な喜びのイマジネーションを持っている　□過去にとらわれない　□間違えても反省して改善することができる　□素直に謝ることができる　□仕事や自分の役割を一生懸命こなす　□人に対して公平に接することができる　□人を応援することができる　□人の意見に耳を傾けることができる　□まわりが間違っていても正しいことを貫ける正義感がある　□物事を続けることができる　□一貫性した信念を持って生きている　□物事を深くとらえ、理解力がある　□努力することが好きで、努力できる　□表現力があり、人に伝えられる言葉を持っている

●あなたの中にある豊かな感受性

□植物や小さな動物に対するやさしさや愛を持っている　□美しい風景に感動できる　□いつも世界のすばらしさを見ている　□子どものような純粋さを持っている　□同情的でやさしい　□相手の気持ちを考えることができる　□弱い者を見てかばいたくなる　□相手のことを尊重できる　□人を信じやすく純粋である　□人の喜びを自分のことのように喜べる　□かわいい子どもを見て愛らしく思う　□人が生み出した美しいものに感動できる　□ファッションセンス・美的センスにすぐれている　□映画や小説などに感情移入できる　□相手の能力を見つけ、ほめることができる　□愛情表現が豊か　□悲しみや苦しみに寄り添うことができる　□相手が言葉にしなくても、気持ちを汲み取って共感することができる　□相手を理解し、受けいれることができる　□進んで愛情を与えることができる

あなたの個性をしっかりと表現する

あなたの美しさを見つけることができたら、今度はそれを**「人の目に見える形」で表現していく**ことが必要になります。まわりの人は、「あなたが表現したこと」からあなたという女性のイメージを読み取ります。あなたが内面にどんなにすばらしい部分を持っていたとしても、それを表現しなければ、相手には伝わらないのです。

W子さんは、人の良いところや才能を見抜く能力があり、どこを改善すればいいのか、瞬時に判断できる観察力を持っていました。人に対してとても敏感で客観的に相手のことを分析することができたのです。しかし、その能力を「こうるさい」と母親に否定された経験から、「私は人に厳しい人間なんだ」と誤解したまま生きていました。そのため、せっかく気づいたとしても、「私はまた、人に対しておせっかいをしようとしている」と思い込み、人と深く関わることを避ける人生を送っていたのです。

子ども時代は、大人から見たらかわいげのない子どもに映ってしまったかもしれません。けれど、大人になった今、W子さんの持っている力はすばらしい才能です。それに気づき、改めて大人の女性として、人に「温かく助言をする」ということを心がけるようになりました。すると、周囲からは「やさしくアドバイスしてくれる」と喜ばれるようになり、意中の人からも感謝されるようになったのです。

このように、私たちは過去に自分の能力を否定されたことがあると、自分の美しさを隠してしまうようになります。けれど、本当はその美しさは、「大人の女性としてのあなたの宝物」かもしれません。大切なことは、**過去にあなたを否定した人がいたとしても、それはその人一人の意見であり、ほかの人から見れば、それは尊敬すべき、愛される要素かもしれない**ということです。自分という女性の資質を最大限開花することによって、本当に愛される人生がはじまるのです。

あなたの容姿を「魅力」に変える

人は誰しも、ポジティブな側面とネガティブな側面、その両方を持っています。たとえば、誰にでもやさしい女性は、断ることが苦手で優柔不断な面があるとも言い換えられます。それは容姿に対しても同じで、たとえば肌がきれいな一方で、むくみやすい体質かもしれません。しかし、これは本人の体質であり、悪いことではありません。

多くの人が、自分自身の悪い側面にばかり意識を向けてしまい、悪い面を気にしすぎたり、悪い面を見せないように本当の自分を隠しながら生きています。これでは次第に苦しくなってしまいます。

ネガティブな側面は、それがあることをきちんと受け止めながら、意識的にポジティブなほうに目を向けることが必要です。「私にはこんな面がある。でも同時に、こんな良い面もある」としたうえで、自分の良さをきちんと表現していくことが大切なんですね。

肌がきれいであれば、その肌を美しく見せる淡い色の洋服を着てみたり、ノースリーブなどで肌を見せながら、透けるストールでやわらかい雰囲気を出してもいいかもしれません。髪が自慢であれば、かわいい髪飾りをつけてみる、大ぶりのイヤリングをつけて顔まわりを華やかに見せてもすてきです。健康的な体型や血色をしているのであれば、スポーティーな服装で、元気に見せてもいいでしょう。ぽっちゃりしていてやさしい顔をしているのであれば、さらに花柄などの服を着て、かわいらしさを強調してもいいでしょう。

自分自身が生まれながらに持っている資質をいかしながら、それを人目につくように強調していくのです。

R子さんは、これまで自分自身の容姿にコンプレックスばかり感じていました。美しくまっすぐな髪や、すらっとした長身、長い足など、すばらしい資質を持っていたにもかかわらず、低い身長の女の子を羨ましがったり、クールな顔立ちを嫌っていたのです。そして、自分を隠すような地味な服ばかりを着ていました。けれども、R子さんの身長やスタイルの良さ、透明感のある雰囲気は、本当にエキゾチックな美しさを持っていたのです。
「どれくらい、今の自分の持っているものをいかしていますか？」
そうたずねると、R子さんは黙り込んでしまいました。自分のことを嫌うあまり、ほかの人に嫉妬を感じるばかりで、自分を「いかす」という考えを持ったことがなかったのです。

その後、R子さんは、もともと好きだった大ぶりのエスニックなアクセサリーを身につけたり、長身をいかして柄のロングスカートを着たりするように心がけました。するとたちまち、暗い色で自分を覆っていたときのような雰囲気は消え、スレンダーな美女に生まれ変わりました。また、色白であることをいかし、キラキラと光を反射する花の形のアクセサリーをつけたり、明るい色のメイクなどをすると、今度は清潔感のある華やかさが生まれたのです。

こうして自分自身を装うことを楽しめるようになったとき、R子さんからは、美しい自尊心に満ちあふれたやわらかさが感じられるようになりました。その姿は本当に魅力的で、後輩からは「R子さんのようになりたい」と憧れをもって見られるようになり、出会いの場では彼女の個性を心から称賛してくれるパートナーにめぐりあうことができたのです。

肌がきれいな人は、肌の美しさを強調する服を着てみる。髪がきれいな人は、ヘアアクセサリーなどで髪をさらに強調してみる。編み込みなどもかわいらしく見えます。顔が小さな人は、小ぶりのアクセサリーなどで華奢な雰囲気を強調してみる。女性らしい顔立ちの人は、ピンクやオレンジなどのメイクで女性らしさが引き立つようにしてみる。こんなふうに、あなたのすばらしさを見つけ、より美しく表現してみましょう。

あなたという素材をいかして光り輝かせるのは、あなた自身なのです。

自分をブランド化する

たとえば、有名な女優さんやモデルさん。その名前を耳にすると、私たちは「ああ、あの人ね！」とその人の姿を思い浮かべることができます。そして、その人がどんな容姿で、どんな言葉づかいをしていて、どんな作品に出ていて……というところまで、ぱっと思い浮かぶことすらあります。

なぜ、こうしたことが起きるかというと、それは、**女優さんやモデルさんは、自分の印象を意図して「つくっている」から**なんですね。ここでの「つくる」とは、ネガティブな意味ではありません。「自分という存在がどんな人間なのかを繰り返し伝えることで印象づけている」ということです。これをブランディングと言います。

じつはこうした「印象づけ」は、わたしたちの日常生活でも行われています。たとえば、

「いつも笑顔であいさつしてくれる人」がいれば、その人のことをよく知らなかったとしても、「ああ、あの気持ちの良い人ね！」と思い出すことができます。反対に、いつも人を避けるような態度で伏し目がちに歩いている人は、「ああ、あの人……付き合いにくいよね」と思われてしまうこともあります。

たとえ、どんなにすばらしい資質を持っていても、「あのときは笑っていたけれど、次に会ったときはあいさつもなかった……」というようにバラバラな行動をとっていると、ネガティブに印象づけられてしまいます。一方で、少なくとも3回、同じ態度をしていれば、「この人はいつも笑っている感じの良い人」という印象を与えることができます。

次の3つのポイントを意識して自分を表現してみましょう。

内面の美しさを行動で表現する

あなたが持っているやさしさ、論理性、客観性、人の才能を見抜けること、気づかいなどを、実際の行動で表現しましょう。たとえば、人の才能に気づいたら言葉でほめる、「大丈夫？」など声をかける、「こうすればいいんじゃないかな」とアドバイスをするなどです。自分から積極的に声をかけることや、繰り返し同じ行動をすることを心がけましょう。

内面の美しさを服装やメイクで表現する

人はその人の容姿＝服装やメイクと、その人の印象をセットで記憶します。どんなにやさしい温かい人であっても、暗い印象の服ばかりを着ていたのでは、魅力は十分に伝わりません。一方で、やわらかいピンク色のワンピースを着ていれば、「やさしくてとても女性らしい人」というイメージになります。

あなたが「いいな」と感じたアクセサリーを身につけたり、やさしいあなたのイメージにふさわしい服を着るように心がけましょう。女性らしさを服装で表現することは大切なことなのです。

内面の美しさを言葉で表現する

どんなに繊細で美しい感性を持っていたとしても、ゴシップや人の噂話、愚痴ばかりを話していたら、あなたの内面の美は伝わりません。話す内容は、そのままあなたの人間性として受け取られます。

たとえば日々のうれしい出来事や人への感謝を口にしていたら、「この人はとても謙虚で他人に感謝できる女性だ」という印象になりますし、最近読んだ本から学んだことや教えられたことを話していれば、勉強家で知的な女性だと受け取られるでしょう。

このように、あなたが話すことが、そのままあなたの自己紹介になります。だからこそ、普段から話題を選び、あなたをきちんと知ってもらうようにしましょう。感動した映画の話や良いニュース、人を賞賛する気持ち、楽しかった旅行の思い出、料理を作って上手にできたこと……あなたの内面の美を言葉にして伝えていきましょう。

あなたの「ダメな部分」が、男性の「愛したい部分」

男性はもともと、「愛する女性を守りたい」という騎士道精神に通じる心を持っています。自分が助けたい、守りたい、手伝いたい、役に立ちたいという純粋な気持ちがあるのです。そのため、**あなたが「ダメだ」と思い込んでいる要素が、男性視点から見れば、じつは愛される要素である**ことも少なくないのです。

K美さんは、これまで自分の欠点ばかりが目につき、ダメな部分を直さなければと必死になっていました。日々、「私はあの人みたいにきれいじゃない」「私はどんくさくて仕事もしっかりできない」と、他人と比較し、自分の悪いところばかりを見ながらすごしていました。そして、「悪いところを直したい」ということでセッションにいらっしゃいました。

けれど、K美さんの「できない部分があってもがんばっている健気さ」はとても魅力的で、誠実に自分の人生と向き合っている姿は、人から「手助けしてあげたい」と思われるような純粋なものだったのです。

K美さんは、自分を否定するのではなく、「おっちょこちょいでもがんばろうね」と、自分のことを温かく見守ることを心がけるようになりました。そして、できないことを自覚しながら、「ごめんね。私はどうしてもここが不得意なんだ。だから助けてもらえないかな」と伝えるようにしたのです。すると、助けてくれる男性が集まり、その中の一人と結婚前提でお付き合いするようになりました。

「完璧でなければ愛されない」は、誤った考え方です。また、助けてもらうことは屈辱的なことではありません。完璧でなくても愛されますし、むしろ、**あなたが完璧ではないからこそ、男性は「助けたい」「守りたい」「自分がいなければならない」と思えるのです。**

「相手に助けていただく」という意識を持ってみましょう。あなたが運命の人にとってのお姫様ではなく、何があっても戦える騎士になってしまえば、運命の人の出番はなくなるのです。

女性的な感性をポジティブに使う

私たちが持っている女性的な繊細な感性は、表と裏の面を持っています。たとえば、生まれながらに繊細な感受性を持っていたとしても、それが「細かいことに気づきすぎて神経質になり、周囲の人を責めてしまう」ことに使われてしまえば、幸せになれることはありません。あるいは、感情が豊かでロマンティックだということも、「感情のブレーキがきかずにヒステリックに相手を追い詰めてしまう」ことに使われてしまえば、人との関係はうまくいきません。このように、女性的な側面は、ネガティブに働いてしまうことがあります。

物事を順序立てて考えるのが苦手だったり、何事にも敏感になりすぎたり、自分の気持ちを感情的にぶつけてしまったり、将来のことより目先のことでいっぱいになってしまったり……。これらは女性的な資質が一時的にコントロールできなくなり、ネガティブな出方をしているということです。

大切なことは、自分の資質を正しく理解し、自制するということです。自分で修正していくことで、これらをすばらしい資質としていかすことができるのです。

実例を見ていきましょう。

□ヒステリックになってしまう
←
繊細で気づくことが多いため、相手を責めてしまいがちです。その敏感さは自分特有のものだと気づき、その気持ちを「私しか気づけないんだ」という心づかいに変えてみましょう。

□がまんして爆発してしまう
←
もともとの忍耐強さを犠牲的に使ってしまっています。その忍耐強さを、ただ自分ががまんすることではなく、嫌なことを嫌だと伝えたうえで「相手が変わるのを待つ」ことに使ってみましょう。

□気分屋で情緒が不安定

←　感じやすいため、ちょっとしたネガティブな出来事に引っ張られてしまい、感情のコントロールができなくなりがちです。まわりの気分や態度に流されやすいため、あえて最初から楽しい人、尊敬できる人と関わるようにすると安定します。

□男性に依存しすぎて重くなってしまう

←　本当はとても従順で、相手を信頼できる素直さを持っています。ですが、やみくもに依存するとトラブルになりがちです。相手が「大丈夫」と受けいれられる範囲をあらかじめたずね、確認してから頼ってみましょう。

□男性の顔色をうかがってしまう

←　もともと人の気持ちに敏感で、心配りができる人です。けれど、相手の態度を自分の中だけで考えすぎると鬱々《うつうつ》としてしまうため、「どうしたの？　何かあった？」など、その都度やさしく声をかけるようにしましょう。

□感じやすく、すぐに落ち込んでしまう

←　それだけやさしい気持ちや、人への愛情を持っています。きつい言葉や嫌だと思う場面に遭遇したら、すぐに離れるようにしましょう。相手が苦しみを理解できる人か、やさしい人かどうかを見極めて付き合うようにすれば、より深い愛ある関係をつくれるでしょう。

□すぐに母親のようになってしまう

←　面倒見がいいことは、本来すばらしいことです。ただ、あなたの配慮や愛にあぐらをかく人と関わると、犠牲になってしまいます。あなたのしたことに感謝できる感性を持っている人を選び、自分を守りましょう。

□過去の失恋などにこだわりすぎて引きずってしまう

←　それだけ人を深く愛せるということです。過去の愛を無理に忘れる必要はありません。それだけ情が深く、「人を深く愛せる」という自分に自信を持ちましょう。

□いつも悩みを抱えてしまう

←　一つの物事に打ち込めるという資質です。その集中力を悩みに集中させるのではなく、自分磨きや趣味や仕事に向けてみると、ぐんぐん結果が出ます。

□正しさを強調しすぎてしまう

←

しっかりした正義感を持っているのはいいことです。ただ、相手を否定する言い方をすると、せっかくの正しさもただの批判になってしまいます。あくまで自分の意見として、冷静に伝えるように心がけましょう。

□美にこだわりすぎてしまう

←過度になれば買い物依存症になりますが、ファッショナブルで美意識が高いことはすばらしいことです。自分のお財布であらかじめ支出額を決めて、おしゃれを楽しみましょう。

□物事を順序立てて考えたり、計画を立てるのが苦手

←計画を立てることや現実的な対処は、それが得意な人に積極的にまかせましょう。そして、あなたはあなたの得意なこと、たとえば感性をいかして何かを選ぶといった部分で相手に貢献していくといいでしょう。

自分と相性の良い相手を選ぶ

人には相性があります。ここでの相性とは、血液型の相性や、星座占いなどの相性のことではありません。**あなたの性格とぴったり合っていて、自分のことをそのまま丸ごと受け止めてくれていると感じられるような、そんな相性**のことです。この相性は、自分の性格や価値観、発言・行動パターンなどの資質をもとにしたものです。

しかし多くの人は、血液型や星座で相性を占うことはあっても、自分の持っている資質をもとに相手を見極めることをしていないのです。

E奈さんは、これまで容姿やフィーリングで男性を選んできました。スリムで背が高く、モデルのような容姿を持った人。いつもそういった男性を追いかけてきました。けれども、E奈さんが好きになる男性は、多くの女性からモテるため、浮気をされたり、苦しむ恋愛になることがほとんどでした。

「E奈さん、つらく苦しい恋愛をしたときに、どんなふうにしてほしいと思いましたか？」
「もっと私の話を聞いて、私のことを見てって思いました」
「それまで彼にどんなことをしてあげていましたか？」
「ご飯を作ってあげたり、話を聞いてあげたり、愚痴を聞いたりしていました。でも、私から会いたいと言っても無理だと言われて……」

E奈さんはやさしい女性で、彼の居場所を用意し、良い奥さんになる資質も持っていました。けれど、相手選びを間違えていました。浮気性で女性関係が派手な人を選んでいたため、E奈さんのすばらしい資質が、利用される形になっていたのです。

E奈さんは、じつは「温かい家庭を一緒につくってくれる人」を求めていました。
「子どものころ、親が離婚したので……。本当は温かい家庭に憧れていました。でも、その気持ちを自分が無視してしまっていたんですね。これからは、そういう人を選びます」

E奈さんは、その後、男性を外見で選ぶことをやめました。性格や価値観という本質的な部分をもとに相手を見るようにしたのです。その結果、温かいやさしさを持ち、心理学に興味があり、子ども好きで料理も好きという要素を持った家庭的な男性を選び、ご結婚なさいました。

どんなにあなたがすばらしい資質を持っていたとしても、その資質をいかせる相手を選ばなければ、幸せから遠ざかってしまいます。その一方で、**あなたの資質をいかせる相手を選ぶことができれば、ありのままのあなたとして愛される現実をつくることができる**のです。

相手と幸せな関係を築くために、あなたの資質をもとにした相性から相手を選んでいきましょう。

□あなたは甘えん坊で、どちらかというとかまってほしいタイプ

↓

やみくもにわがままを聞いてもらおうとするとけんかになりがちです。あえて年上で人生経験が多く、包容力のある男性を選ぶと、バランスがとれたカップルになることができ

ます。

□あなたは母性が強く、面倒見がよいタイプ

←できるタイプの女性は、しっかり人に感謝できる男性、家庭を持ちたい男性、「ありがたい」と受け取れる男性のサポートに入ると、すばらしい関係を築くことができます。外での付き合いを重視する家庭志向ではない人と付き合うと、苦しむ可能性が高くなります。

□あなたはしっかり者でリーダーシップを発揮できるタイプ

←同じように人の上に立ちたいと思っている人と付き合うと、お互いのプライドが衝突し、苦しむことになります。自分の弱さを知っていて、かつ、協力しあえる物腰のやわらかい人を選ぶと、お互いに意見を出しあいながら対等な関係をつくることができます。

相性を考えるとき、自分のネガティブな部分と向きあうことも大切です。自分がどうし

ても変えられない部分をフォローしてくれる男性を選ぶようにするのです。たとえば、感情的になってしまうクセがあるのならば、おだやかに話を聞いてくれるやさしい人を選べば、その人のやさしさによって情緒は落ち着いてきます。どうしても散財してしまうクセがあるのならば、計画性があり、几帳面な人にお財布をまかせたり、相手の在り方を見習うことで、自分の癖が改善していくこともあります。

自分の悪い部分をしっかりと受け止めながら、それを相手と共有し、補いあっていくことで、人生をよりよい方向へ変えていくことができるのです。

マイナス要素を「謙虚さ」という美徳に変える

誰にでも、人に見せたくない欠点はあります。たとえば、コンプレックスを感じているようなこと、どうしてもできないこと、卑屈になりたくないのになってしまうこと……。こういった部分を見せたくないと感じるのは自然なことです。けれど、見せたくなくても出てしまうこともあるんですね。

そういったときはどうしたらいいでしょうか？

まずは、自分にそういった面があることをあらかじめ受け止めておくこと。そして、もし相手に見せてしまった場合は、素直に謝り、「協力してもらう」ことが大切です。たとえば、「ついうっかり感情的になってしまった」場合は、意地を張らずに、やりたくないのにそうしてしまったことを恥じ、心から謝罪してみるんですね。

「私はこんなことを本当はしたくなかったの。でも、自分でもがんばっているけれど、どうしても出てしまうときがある。これからもできるだけ、気をつけたいと思っているけれど、それでも出てしまうかもしれない。それであなたのことを傷つけたり、苦しめてしまうかもしれない。でも、私もがんばるから、一緒に改善できるように協力していってほしい」

こうして、自分の至らない部分をきちんと受け止め、完璧でない自分を一緒に改善してもらいたいとお願いするんですね。「一緒に改善していく」という気持ちを共有することで、男性は、あなたのことを許したり、ネガティブな面が出ているときにも、やさしくフォローできるようになります。

あなたが思っている以上に、男性は、正直に一生懸命に生きている女性に対して、誠実に接してくれるものです。

自分に対してまっすぐ向き合い、他者とも正直に向き合う。こんなふうに、できないところも欠点もある、ありのままの自分を受けいれるという凜とした謙虚さが、二人の良い関係をつくっていくのです。

Lesson 3

大人の女性として美しい「在り方」をととのえる

愛し、愛される関係をつくれる女性は、人から尊敬される美しい「在り方」をしています。信頼されるための心がけを中心に、日々の習慣についてお話します。

美しさは「在り方」で決まる

そこにいるだけで明るい気持ちになることができて、ぱっと場が華やぐ――「美人」とは、ただ造形的な美しさのことを言うのではありません。その人の雰囲気や持っている空気感が周囲に伝わっていくものです。この美しさは、メイクやファッションを変えただけでは持つことはできません。

こうした美しさのもとにあるのは、「在《あ》り方」だからです。在り方とは、その人の生きる姿勢、他者への態度、自尊心の持ち方、女性として自分を大切に生きているかどうか、などのことです。

美しい在り方をしている女性ほど、愛されます。なぜなら人は、「この人と一緒にいると心地よい」と感じることで、相手に好感を持つからです。

いつも笑顔で人をほめている女性を見たら、「この人と一緒にいたら、やさしく、温かく見守ってくれるだろう」という安心感を抱くことでしょう。いつも女性として美しくていねいに生きている姿を見たら、「この人とであれば、いつまでもお互いを大切に、思いやりをもって生きられそうだ」と思うでしょう。その結果、「もっと深く関わりたい」と恋に落ちるのです。

たとえ目立つ服装やメイクをしていなくても、ほんの少し日常生活の習慣を変え、在り方をととのえただけで、周囲の人から「きれいになったね」と言われ、男性からアプローチされるようになった、という女性が多くいらっしゃいます。あなたが思う以上に、男性はその女性の在り方をよく見ているのです。

自分の存在を尊重できる人ほど美しい

まずは、生きていくうえでの基本となる「自尊心」を学んでいきましょう。

自尊心とは、「自分という命に対する配慮と尊重」です。自分の存在を大切にできている女性は、「この人なら、自分のことも大切にしてくれるだろう」「お互いのことを大切にしながら、一緒に生きていくことができるだろう」という信頼感を男性に抱かせることができます。

ここでは、次のような要素を意識して、自尊心を育てていきましょう。

自分で自分の存在を認める

「私なんてこの程度だから」と自分で自分をおとしめるような発言をしたり、自分のことを粗末に扱ったりする態度は、他人を遠ざけてしまいます。なぜならこういった態度は、他者の目に「人生に対する投げやりな姿勢」として映り、一緒にいてくれる人に対して「どうでもいい」というメッセージを与えてしまうからです。

たとえ自信が持てなくても、自分を低めずに「自分の存在をきちんと扱おう」と心がけるだけで、あなたの価値は変わっていきます。自分の存在を大切に思うことは、あなたと一緒にいてくれる人に対する感謝や尊重でもあるのです。

自分の性を尊重する

男性が惹かれるのは、相手を受けいれるやさしさや、許しあう心などの女性的な感性を発揮しながら生きている姿です。

この世界に「女性」という性別をもって生まれたからといって、女性的な感性が自然に発揮されるわけではありません。内面の美は、自分で育み、上手に発揮してあげなければ、女性らしく「在る」ことはできません。

愛されている女性は皆、自分を女性として大切に育て、慈《いつく》しみながら、日々美しさを磨いているのです。

女性らしい装《よそお》いをしたり、メイクをすることに気をつかうだけでなく、あなたの肉体や存在を女性としてていねいに扱い、常に女性としての自分を意識しながら行動してみましょう。

美意識を尊重する

流行の雑誌を見ながら服装を変えるということではなく、あなたの人生にあなた自身の美意識を反映させてみましょう。

「他人に対して失礼にならないように接する」「言葉づかいをていねいにする」「美しい仕事の仕方を心がける」「約束を守る」など、あなたの中で「美しい」と思える在り方を実践してみてください。

人生は、妥協してしまうとどこまでも怠惰になることができます。けれど、そうなってしまうと「私はいつもダメな女性だ」というふうにどんどん自己価値を下げてしまいます。

「私は、自分が美しいと思えるこういった態度をする」といった一本筋の通ったその意志こそが、あなた自身を自立した大人の女性として輝かせてくれます。

これらは、「完璧にこなさなければならないもの」ではなく、「こうした姿勢ですごしていこう」という日常生活の中の心がけです。ほんの少しだけ「在り方をととのえる」ことで、あなたの美しさはより引き立つようになり、人との関係もより温かいものへと変わっていくでしょう。

男性が美しいと感じるのは、喜ぶあなた自身

女性と男性の美しさに対する思いは、食い違っていることがあります。その理由は、男性が持っている美意識＝何を美しいと感じるかと、女性が目指す美しさが異なっている場合があるからです。

たとえば、大好きなデザインのイヤリングをつけて、「かわいい！　このイヤリングをつけられてうれしい！」と心からの喜びを感じている、その穏やかな笑顔。チークをさした瞬間に顔色が明るくなり、「わあ！　こんなに顔色って変わるんだ！」と自分の新しい側面に感激している、その豊かな表情。**男性は、こうした「純粋な心からあふれる喜び」を目にした瞬間、その女性にたまらなく惹かれるのです。**

女性は止まった自分を見て価値を計ります。写真の中のきれいな自分を見て、美しいなと安心します。一方で男性は、動いているあなた、表情豊かなあなた、笑い声ややさしい

まなざし、楽しそうな様子に魅力を感じます。動きを好むのか、写真を好むのか、この違いです。男性があなたにバッグをプレゼントするのは、「笑っているあなたが見たいから」なのです。

あなたが感じた喜びを、素直に表現していきましょう。「誰かのために」ではなく、もっと「私らしく」なりましょう。

「こうしなければ美しくない」「～すべき」という雑誌や社会が与える固定観念を捨ててみます。これらは、誰かがつくったルールにすぎず、あなたはこの価値観を採用する必要はないのです。

改めて、あなたの「したい」を選択していきましょう。あなたがしたいと思ってしているこことが、あなたの「個性」であり、アイデンティティになります。

私はこれを選ぶ。これを身につけたら最高にうれしい！

そう言えた瞬間、あなたはどんな宝石よりも輝いているのです。

自分で自分を喜ばせ、笑顔にする

もしもあなたが今、苦しみでいっぱいで悩みばかりだとしたら、それは、「あえて自分自身に苦しみばかりを与えている」のかもしれません。あまり意識したことはないかもしれませんが、人間関係でがまんしてしまったり、苦しい恋愛を続けてしまうのは、「その経験を自分が選択し、自分に与えている」ということなのです。

人生は、すべてが自分で選んだことの積み重ねでできています。どんな部屋に暮らし、どんな言葉をつかい、どんなふうに愛を語りあい、どんな人と付き合い、どんなものを食べ、どんな仕事をして、どんな思いを抱きながら時間をすごしていくか。こんなふうに、すべては自分が決めたことで成り立っています。

子ども時代はこうした選択の自由がなく、強制的に選ばされることもあったかもしれません。けれど、大人になった今は、すべてを自分の意志で選ぶことができます。だからこそ、人生に責任を持ち、「自分に与えるものをチョイスし直す」ことが大切です。

ここで、あなたがいつもあなた自身にどんなことを与えているのか、見てみましょう。

・嫌な人のことばかり考えて、そのことについて思い悩む時間が多く、喜びや幸せな経験を与えていない
・苦しい環境に身を置き、他者目線の評価ばかりを気にして、自分をリラックスさせたり、労《いたわ》ったりする経験を与えていない
・本当に言いたいことがあったとしても、がまんするという苦しみばかりを選択し、自分の意志を尊重して発言するという経験を与えていない

精神的に自立した女性になるということは、しっかりと自分を喜ばせ、自分を笑顔にできる責任を持つということです。つまり、自分を苦しめる経験を手放す勇気を持ち、自分の人生を豊かにするような出来事を自分に与えるということです。自分に与えるものが豊

かであるほど、人にも喜びを与えられるようになります。

自分に与えるといいものは、「心地よいと思える感覚」「うっとりとするような時間」「心が震えるような感動」「おなかの底から笑ってしまうようなこと」などです。たとえば、感動する映画を見たり、美術館に行って美しい芸術に触れたり、すばらしい夜景を見たり、スポーツ観戦をしたり、時にはゲームを楽しんだり。もともと世界に存在しているすばらしさや楽しさ、美しさを積極的に受け取り、自分に味わわせてあげましょう。

じつはこれらは、自分自身の体や心を「楽にするため」の行動です。そのため、今まで自分に厳しく禁じていた人にとっては、抵抗があるかもしれません。

K子さんもそうでした。気が進まない職場に勤めてしまった結果、毎日上司に怒られる日々。いつも自己否定ばかりで苦しんでいました。しつけの厳しい家で育ったため、「自分に厳しくすることが当たり前」と思い込み、がまんし続けていたのです。

けれど、自由にやりたいことをしながら、いきいきと生きている女性もこの世界にはたくさんいます。

「たしかにみんな、楽しそうにしている……なぜ私は自分にがまんと苦しみばかりを与えているんだろう」

そう思い、K子さんは勇気を出して以前から憧れていた飲食業に転職しました。すると、好きな料理に囲まれている職場への足取りは軽く、自然に笑顔ですごせるようになりました。レストランに来てくれる人に対して心からの感謝が生まれ、それを表現すると、お客様からは「あなたがいてくれるから料理がもっとおいしくなる」と感謝されます。K子さんはやがて、お店の看板娘になり、男性からもアプローチされるようになりました。

「あんなにがまんしていて、自分はずっと不幸だと思っていたのに。今はとっても楽で……それなのに幸せになっているって、本当に不思議です」

はじけるような笑顔でK子さんは伝えてくれました。

あなた自身に、喜びを与えながら生きましょう。あなたの喜びはあなただけのものではなく、誰かの喜びや誰かのうれしさになり、やがて深い愛へとつながっていくのです。

「この世界の美しさを教えられるあなた」が美しい

私たちは、この世界のすばらしさをすべては知りません。けれど、誰かが教えてくれることで、自分の小さな世界から抜け出して、新しいすばらしさや可能性にふれることができるようになります。

Y子さんは、自然が豊かな場所で育ち、美しい海や自然が大好きで、いろいろな場所を旅することが趣味でした。あるとき、友人の男性が仕事でちょっとした失敗をし、とても落ち込んでいました。そこでY子さんは、気分転換にと彼を山登りに誘ったのです。都会で育った彼は、はじめて大自然にふれ、その雄大さに感動しました。ありのまま強く生きている自然を見て、生命の力強さを感じ、自分が小さなことで悩んでいたことに気づきました。そして、大自然と向きあう中で、自分を責める気持ちも癒えていったのです。彼はその後、次第に前向きになり、以前のように仕事に取り組めるようになりました。

こうして意気投合した二人は、ハイキングや登山など、いろいろな景色を見に行くようになり、流れるようにお付き合いすることになったのです。

私たちは、誰かと一緒にいることで、相手の生き方や価値観までをも変えてしまう影響力を持っています。そして、周囲の人の人生をどんどん好転させる幸運の女神になることもできるんですね。

あなたは、この世界のどんなすばらしさを知っていますか？

料理やグルメの知識があり、いろいろなものをおいしく味わうことで豊かな気持ちになれることを知っているかもしれません。

見るだけで胸がいっぱいになるような絵画に親しんでいたり、心がおだやかになるような音楽や、大笑いできるような映画を知っているかもしれません。

スポーツをする楽しさや、あるいはおしゃれをすることで自分が洗練されていく喜びを知っているかもしれません。

あなたが知っているこの世界のすばらしさを、どんどん分かちあっていきましょう。

ダイエットよりも愛と労りを与える

美しい花はとても繊細で手がかかります。太陽に当ててあげなければしおれてしまいますし、水やりを忘れたらすぐに枯れてしまいます。けれど、気配りをして、世話をすることで、奇跡のように鮮やかな美しい花を咲かせてくれます。花が咲いたときの喜びは、それまでのお世話の苦労など、すべて吹き飛んでしまうくらい大きなものです。

私たち女性も、花と同じです。自分の面倒を見てあげないと、しおれてしまいます。自分をケアすることを忘れ、女性としての自分を放棄してしまうと、愛は遠ざかってしまうのです。

では、自分の面倒を見るとは、具体的にどのようなことでしょうか。

精神に関すること

・「よくがんばっているね」「あなたはすてきだよ」など、自分にやさしい、肯定的な言葉をかける
・気持ちが良くなる風景を見たり、花を飾ったり、心が満たされるようなことをする
・面倒だなと思うときは、面倒くさい自分に寄り添って、最低限だけ行動する
・「きれい」「かわいい」「すてき」と感じる物にふれ、自分の気持ちをいつも美しく保つ
・焦ったり苦しいときは、無理に行動せず、ただ休むことを許す

肉体に関すること

・自分の肌に合った化粧品をじっくり選び、朝・晩にきちんとケアする
・疲れた自分の体を労ることを心がけながら、ボディマッサージや、リンパマッサージなどで血流を良くする
・生理や寝不足など、一時的に体調を崩すときは、それをしっかり把握してスケジュールを管理する

・入浴や適度な運動をして体を温める
・薬箱を用意したり定期的に検査に行って、健康を気づかう
・新鮮な野菜や魚などを食べ、栄養が偏らないように気をつける
・やさしくふれる、なでるなど、心がリラックスするような動作をする

このとき、自分の存在に愛情を注いでいるということを意識してみましょう。**自分に手をかけているという納得感は、「私は価値のある女性です」という自己重要感につながります。**「きれいになってうれしい」と思えるようになり、それによって自然に自信も生まれます。

M奈さんは、ファッションや美容に関心が高く、常にダイエットし、いつも最先端のスタイリッシュな格好で決めていました。けれど、男性と知りあっても、いつも選ばれるのは自分ではなく、M奈さんから見て「どこかダサい人」ばかり……。なぜ自分が選ばれないのか？　どこが悪いのか？　不安になり、ご相談にいらっしゃいました。
M奈さんに、「いつも自分に対してどんなふれ方をしていますか？」とたずねると、「ちゃ

んと美容しています。化粧水も保湿の高いものを使っていますし……」と、「物」の話になりました。そうではなく、「意識」の話を聞くと、M奈さんが美容をしている裏には、「自分が嫌い」という思いがあることがわかりました。「自分のことが嫌い。だから人から評価されようとして、きれいにしなきゃって思って……」

M奈さんにとって美容は、「ちゃんとしていない自分を痛めつけるもの」に変わってしまっていたのです。「おしゃれに関心がある」けれど、「自分の存在に関心を持つ」ことはできていなかったのです。

M奈さんに、「自分を労ってください」「花のように自分を抱きしめてみてください」と伝えてみました。ただ自分にふれるというのではなく、まるで花を愛《め》でるようにやさしく、実際に両手で自分を抱きしめて、なでてみたとたん……M奈さんの目からぽろぽろと涙がこぼれました。

本当はやさしくふれてほしかったし、労ってもらいたかった。M奈さんの肉体は、流行を取り入れてきれいにすることよりも、ただ愛されることを求めていたのです。

これをきっかけに、M奈さんは、ファッションに依存することをやめ、自分の存在を本当の意味で慈しむようになりました。きれいにしなきゃという苦しみが消え、力みのない自然な笑顔で、ちょっとくらい太ってもいいよね、と笑えるようになったのです。すると、まわりの人から「今までよりもずっとやわらかく、女性らしくなった」とほめられるようになり、男性から次々にアプローチされるようになりました。

あなたを美しくするはずのダイエットやファッションが、あなたを苦しめるものになってしまうと、あなたの本当の魅力は伝わりません。大切なことは、あなたという花――あなたの存在自体を労り、心地よさを感じさせてあげること。労られ、大切にされているときにあなたから出るおだやかさや輝きに勝るメイクはないのです。

男性と信頼を築くために

長く続く美しい恋愛の土台には、必ずパートナーへの人間的な尊敬と信頼が含まれます。

ここでの「信頼」とは、勉強ができるとか、特別なことを乗り越えた経験があるということにもとづくものではありません。人として尊敬できる、善良でやさしい生き方をしているかどうかということです。

表面的な美や若さは衰えるものですが、あなたの内面のすばらしさ、美しさは、「この人となら安心して一緒にいられる」という永遠の絆となります。

信頼を得る要素にはどんなものがあるか、具体的に見ていきましょう。

悪口を言わない、言いふらさない、秘密を守る

嫌なことがあったとき、つい悪口を口にしてしまったり、周囲に言ってしまう。こんなふうに、積極的に誰かを攻撃している様子は、たとえ当事者でなかったとしても「この人と関わったら、こうやって攻撃されるかもしれない」という恐れを抱かせます。

秘密の暴露も同様です。しっかりと秘密を守れる女性は、「この人は裏切らない」という信頼を得ることができます。

人を社会的な条件で差別しない

本来、人の命は対等なものであり、すべての人が同じく等しい価値を持っています。だからこそ、他者に対しては一貫性をもって接することが大切です。相手の社会的な条件や地位によって態度を変えるのではなく、いつでも同じように人と接することを心がけます。

他者に対する礼儀・尊重を持つ

誰に対しても平等に、「ありがとう」という感謝をもって接するようにします。ていねいにあいさつする、相手の話をきちんと聞く、他者の都合を考えて接する、といった礼儀をわきまえましょう。とくに、あいさつと返事はとても大切です。

また、相手の生活や交流関係に勝手に割り込むことは控えましょう。何事も、きちんと相手の許可をとってから接するようにすることで、信頼を得ることができます。

主体的な生き方をする

いつでもどんなときも、最終的には「自分で決める」という強さを持つようにしましょう。アドバイスをもらったり、相談しても大丈夫です。けれど、どんな小さなことであったとしても、最後の決断だけはしっかりと自分でするように心がけてみてください。こうすることで、「しっかり人生に向きあっている」という強さを感じることができます。

自分を許すほど、愛される

幼いころ、厳しい環境で育ったり、自分らしくいられる機会が少なかった場合、大人になってから「自分のことを罰する」のが当たり前になってしまうことがあります。けれど、自分に厳しくしていると、知らず知らずのうちに他人へもその厳しさが伝わり、恋愛を遠ざけてしまうことになります。

本来、**愛とは、「許しあうこと」**です。この世界には誰も完璧な人などおらず、それは、自分も他人も例外なく同じです。

「できれば完璧でありたいけれど、それでも、私もあなたも完璧ではないよね。だから、できないことがあることを認めて、失敗しても、もう一度やり直してみようね」

こんなふうに理解しあいながら受けいれあうことで、「心の居場所」をつくることができるのです。

Ｔ子さんは、完璧主義の親のもとで育てられ、「完璧でなければいけない」と、優等生でいることを強要されてきました。それが当たり前の人生でしたし、厳しく生きることが当然だと思っていたのです。そのため、自分で自分を厳しく律するだけではなく、つい他人へも厳しく接していました。彼から「君と一緒にいると安らげない」と言われ、別れを切り出されたことがきっかけで、自分を振り返ることになりました。

「普段、どんな言葉を彼にかけていましたか？」とたずねると、Ｔ子さんは、

「そうですね……彼が年下だったので、どうしてもできていないことを指摘することが多かったかもしれません」と、うつむきながら答えました。

「彼がちゃんと朝起きられないから、私との約束に遅刻してきて、つい『どうしてちゃんと夜寝ないの？』と言ったと思います。それから、仕事でミスをしたときは、『だから言ったじゃない！』と言ってしまったかもしれません」

そこまで答えて、Ｔ子さんは、自分が親とまるで同じことをしていることに気づきました。口うるさい言葉、いつも監視しているような厳しい在り方、何かができなかったとき

の冷ややかな視線……。完璧であることを常に求められていたT子さんは、普段から、こうした冷たい世界で生きていたのです。

自分の在り方に気づいたT子さんは、まずは、自分のことを自分で許していくように心がけました。温かい思いやりを持った目で自分を見るようにしたのです。

「できなくても大丈夫だよ」「がんばったのにダメだったね。偉かったね。また次、一緒にがんばってみようね」。そんなふうに、いつも自分に声をかけるようにしました。

すると、今まで凍りついていた心がとけるように、自分のことを許せるようになっていったのです。いつも持っていたぎすぎすした感じがなくなり、周囲の人が何かを間違えたり失敗しても、自然と「そういうこともあるよね、気にしないでね」と言えるようになりました。「変わった、やさしくなった」と言われるようになったT子さんは、T子さんを慕《した》うようになった後輩の一人と打ち解け、やがて告白されたのです。

誰しも完璧ではないからこそ、許される温かい場所を求めています。それは、女性も、男性も同じです。あなたが自分を許すことができれば、あなた自身が誰かを許したり、温かい居場所になってあげる、そんなやさしい愛を育むことができるようになるのです。

「重い女」を卒業し一緒にいたい人になる

私たちは、つい相手に対して、相手のキャパシティー以上のことを要求してしまうことがあります。わざとではなかったとしても、「もっと愛してほしい」「なんで○○してくれないの？」というように、相手が大切になればなるほど、自分の欲求も比例して増えていくんですね。

とくに、子ども時代に「何もしてもらえなかった」「本当はもっと大切にされたかったのに」という悔やむ気持ちが残っていると、大人になってから、親にしてもらえなかったことをパートナーに求めるようになってしまいます。愛が足りていないからこそ、他人に自分を満たしてもらおうと無意識に行動してしまうのです。こうなると、依存的な「重い女」と感じられてしまいます。

そんなときは、他者に愛を求めるベクトルを自分に向け、自分に自分で愛を与えることを意識してみましょう。

1. 聞いてもらいたかったことを、あなた自身が聞いてあげながら、悲しんだこと、苦しんだことを受け止めてあげる
2. 時には自分を自制できるように、やさしく促す

このとき、悲しんだり苦しんだり、さみしい思いをしている小さな女の子があなたの中にいるようにイメージしながら、その子をやさしく抱きしめるように満たしてあげてください。こうすることで、暴れていた感情はおさまり、人に頼らなくても自分で自分のことを落ち着かせることができるようになっていきます。

M美さんは、すぐに感情的になって周囲に八つ当たりをしてしまうことに悩んでいました。爆発して関係を壊してしまったり、男性に「もっとこうして」と寄りかかってしまい、嫌われることを繰り返していたのです。

M美さんは、講座に参加したことがきっかけで、自分自身が満たされていなかったからこそ、こうした行動を繰り返していたことに気づきました。そして、この新しい習慣を取り入れてみることにしました。

悲しいときは、「悲しかったね、苦しかったね……よしよし」と、自分のことを慰めてあげます。必要以上に男性に依存したくなったときは、「でもまた迷惑になっちゃうといけないから、がまんしてみようね」と自分に語りかけます。いつも、自分が自分という女の子のお母さんのように、やさしく接するようにしました。すると、やればやるほど、情緒が安定して笑顔ですごせるようになったのです。「自分自身を愛せば、自然に周囲からも愛されるようになるって、こういう意味だったんですね」

情緒不安定で重い印象を与えていた暗い雰囲気は消え、安定し、おだやかな愛のあふれる女性になったM美さんは、変わったと評判になりました。そして、そのM美さんのおだやかさに惹かれた男性から、結婚を前提にお付き合いを申し込まれたのです。

今では幸せな奥様として、毎日やさしく旦那様を支えるM美さん。自分の気持ちに寄り添ってあげる習慣は、欠かさず続けています。そして、いつか生まれる自分の子どもにも、こんなふうにやさしく接してあげたいと、笑顔で話していました。

「だから私は愛される」という自己承認を

「愛されない」と悩んでいる女性の多くが、「私ってこんなにダメなところがあって……だから愛されないんです」という思考パターンを繰り返しています。いつも自分のダメなところばかりを見て、ほかの女性と比較し、自信を失い、愛されないことを受けいれてしまっているんですね。

ここで問題なのは、実際にあなたが「愛されない女性」だということではなく、自分で自分に対してダメ出しをして、あえて「私なんて愛されない女性だから」と自分に言い聞かせてしまっていることです。

人は、繰り返し言い聞かせられたことを真実だと思い込み、それにふさわしい振る舞いをします。「私なんてどうせ愛されない」と自己洗脳していたら、「どうせ……」という気持ちが強くなり、自分をていねいに扱ったりおしゃれすることを放棄したり、自分のやりたいことをあきらめたり、そもそも人と関わることをやめてしまうことすらあります。

何よりも、ネガティブな態度をしている女性を見て、魅力的だと思う人はいません。そのため、恋愛がさらに遠のいてしまうのです。


こんなときは、「だから私は愛されない」と、自分のダメなところばかりを見て愛されないことを納得するのではなく、その真逆のことをしていきましょう。自分のすばらしいところや女性らしさを認め、気づき、「私にはこんなにすてきなところがあった。だから私は愛されていい」と自分に繰り返し、言い聞かせるのです。

たとえば、人にやさしくして感謝されたことがあったとしたら、「私はやさしくして喜んでもらうことができた。こんな配慮ができるのであれば、もちろん、男性から愛されてもいいよね」と許可を出す。苦手な人に対して、きちんと自分の気持ちを伝えることができたら、「私はちゃんと自尊心を持って自分を守ることができた。だから、嫌いな人ではなく、ちゃんと自分の好きな人と関わっていこう」というように許可を出す。こうして一つひとつ、自分に許可を出してあげるのです。

愛されている女性は、「自分の中の独り言《ひとりごと》」がポジティブです。「私はこんなふうだから愛されない」ではなく、「私はこんなにすばらしいところがあるから愛されても大丈夫」というように、自然に自分を肯定する独り言を言っているんですね。

今までたくさん、「……だから愛されないのよ！」と自分に言い聞かせてしまってきたのであれば、まずは自分自身に謝りましょう。

「あなたの足りないところばかりを見て、どうせ愛されないなんて冷たくしてごめんね」と伝えてあげてください。そして、ぎゅっと自分で自分を抱きしめて、「あなたには本当はすてきなところもたくさんあるよね。だから愛されていいんだよ」と伝えてあげましょう。

あなたが自分自身に伝えたことが、そのまま現実となるのです。

恋の感受性を目覚めさせ、愛の呼び水をつくる

恋愛したいけれど、でも相手がいない。そんなふうに悩んでいる人ほど、相手を見つけることばかりに必死になってしまい、大切なことを忘れています。

恋愛とは、さみしい夜に話を聞いてくれる人を探すということではありません。お互いのすばらしい要素に感動し、「この人、とても魅力的な人だな」と思えるような、相手への憧れを持つということです。頭で考えて条件的にいいとか、外見だけを見て好きということではなく、熱心に仕事をしている姿を見てかっこいいと感じたり、生き生きと喜びをもって人生を生きている姿に心を惹かれることから恋ははじまります。

頭で考えてばかりだと、感じる感覚が鈍くなり、結果的に愛を遠ざけてしまうのです。普段から「愛情を感じやすいように、感性を磨く」ことを心がけましょう。

やりたいことをする

好奇心のおもむくままにやりたいことをやってみましょう。やる気や情熱を持って生きていると、それだけで年齢に関係なく、その人から生命エネルギーがあふれてきます。たとえば旅行に行く、着たかった洋服を着てみるなど、心の求める方向にただ従うのです。これまでやりたかったけれどしていなかったことをするだけで、若々しさが生まれます。

たくさん感激する

何に対しても喜びを感じ、うれしい、楽しいと素直に感じられる感覚は、それだけで人に喜びの連鎖を与えます。その人がいるだけでポジティブな感情が刺激されるからです。まずは、自分で自分に「うれしい」と思えることを与え、生きていることへの満足感を感じてみましょう。たとえば、おいしいものを食べる、映画を見るなど、努力しなくても幸せを感じられることを増やすだけで、喜びの感性は開いてきます。感動できる映画やすばらしい絵画、音楽などの芸術、スポーツ観戦など、あなたが感動できるものにふれ、たくさん自分を感激させてあげましょう。

異性のすばらしさを見つけ、ほめる

「あの人、すてきだな」「あの人の仕事ぶり、かっこよくてやさしい」というように、男性の魅力を素直に受け止めてほめながら関わってみましょう。愛は、ちょっとしたきっかけから生まれます。そのきっかけを自分からつくることで、愛への一歩を踏み出せるようになります。積極的にすてきな男性を見つけ、男性の良い部分に「惹かれる」感性を育ててみましょう。

人との違いを認めれば、ただ一人の男性に愛される

大勢の人に愛されたい、受けいれてほしいという欲求は、誰の心の中にもあるものです。大勢の人に認められれば自分は大丈夫、そんなふうに自己肯定できる面もあるからです。

しかし、運命の人に愛されるということは、「たった一人の人に認めてもらう」ということ。つまり、**大勢の人から愛されるのではなく、99人の人に響かなくても、ピンポイントで一人の人に響くつながりを持つ**ということです。運命の人にめぐりあうことと、たくさんの人に好かれることは、まったく正反対のことなんですね。

もしもあなたが本当のあなたを隠し続けていれば、大勢の人に表面的に好かれても、運命の人はあなたの本当の個性を知ることができないため、あなたと恋に落ちることはないかもしれません。

Y香さんは、それまで自分自身の趣味や、本当に好きなことを隠してきました。子ども時代、男兄弟に囲まれて育った影響で、Y香さんはとてもプラモデルが好きだったのです。お人形遊びやおままごとに夢中になる子が多かった女子校で、友だちから「そんなのが好きなのは変だ」と言われ、それからは自分の趣味を隠して生きてきたのです。

大人になってからも、「みんながいいと思うような英会話やお料理学校」に行き、「女の子らしい自分」をつくり、その反動で、家ではほっとしてプラモデルを作るという生活を送っていました。

けれど、これからの人生を喜びの中で生きていきたいと思ったとき、大勢の人に認められなくても、たった一人の人と喜びを分かちあえればいいということに気づいたのです。

Y香さんは、自分の趣味を隠すことをやめました。そんなある日、ふと話をしたことがきっかけで、同僚だった男性から、「プラモデルできるってすごいね、今度見せて」と言われ、次第に仲良くなっていきました。子どものころから不器用だったこの男性は、憧れのプラモデルを見て、このように繊細な作業を行えるY香さんのことを、心から尊敬するようになりました。そしていつしか二人の関係は、かけがえのない愛へと変わっていったのです。

「今、自分の趣味を一緒にすることができて、尊敬もしてくれて、ものすごく人生が満たされています」

Y香さんは、これまでの人生から一転、きらきらと輝きながら、本当の人生を喜びいっぱいで歩めるようになりました。

たった一人の人に出会うということは、たった一人の自分を認める勇気を持つということなのです。

Lesson 4
男性を理解し、寄り添える女性になる

女性と男性は、肉体はもちろん、考え方、感じ方など異なる部分が多くあります。男女の違いを学び、「愛し上手」になりましょう。男性にとって自分のことを理解してくれる女性は、かけがえのない手放したくない存在です。

男性は「受けいれてもらう」と心を開く

人は、どういうときに、心を開いたり、誰かに親密さを感じるのでしょうか。それは、**「居場所をつくってもらっている」という安心感を得たとき**です。人の心の中には、「受けいれてもらいたい」「肯定してもらいたい」「重要に見てもらいたい」という本能的な欲求があります。そして、これを満たしてくれる人に対して安心感を抱き、心を開き、特別な存在だと思うようになるんですね。

いつも嫌な顔をせずに、自分の話を気持ちよく聞いてくれる。
たとえ都合が悪くて断る場合でも、謝ったうえで次の機会を提案してくれる。
自分の言った意見を無下《むげ》にせず、参考にしたり、感心して取り入れてくれる。
過去に言ったことを覚えていて、その話題をふってくれる。

ほかの人と態度を変えたり対応を区別したりせず、公平に接してくれる。

こういったことを感じられると、相手はあなたに安心感を抱きます。これは男性に限ったことではなく、すべての人間関係に通じることです。**公平に接してくれたり、自分という存在をしっかりと覚えておいてくれたりする相手に対して、人は安心感と親密感を深めます。**自分という人間をありのまま認めてもらっているという安心欲求が満たされるからです。

深い愛情というのは、こうした「人間的な尊厳を満たしてもらった状態」から生まれます。言い換えれば、人間的に信頼できる人だからこそ、人生をともにしたいと思えるくらい、愛しあうことができるんですね。

「安心を与えられる人」であることは、愛を築くうえでとても大切なことなのです。

男性の苦しみを理解する

女性は感受性が豊かなため、自分自身の悩みや苦しみに敏感に気づくことができます。

けれど、男性は、自分の中に苦しみがあることにすら気づかないようにしている人が少なくありません。苦しくても、それを吐き出す方法を知らないし、何より男性として「強くありたい」というプライドが、弱さを認めることを阻《はば》んでいるのです。

だからこそ、男性との愛を深めるときは、女性のほうが男性の隠された苦しみに気づき、理解してあげることが大切です。

男性の苦しみには、次のようなものがあります。

・仕事で成果を出さなければと焦っている
・学歴・自分の能力・肉体についてコンプレックスがある

・人間関係が不得意で、コミュニケーションが上手ではない
・過去の恋愛で傷ついてきた
・親との関係がうまくいっていない

人は誰しも悩みを抱えているものです。たとえ自信満々のように振る舞っていたとしても、人生がすべてうまくいっているわけではありません。コンプレックスもありますし、失敗した過去も、傷ついた苦しみも持っているのです。

ここで大切なのは、さりげなく寄り添える感受性です。**弱いところをあえて指摘したり、積極的に悩みを聞くというのではなく、「弱さもある」ことを理解し、そっと相手を気づかうようにしましょう。**

何かあったら「大丈夫？」と声をかけたり、「無理しないでね」と配慮し、労《いたわ》ることを心がけるだけで、男性は安心感に包まれるようになります。さりげなく相手をフォローできるあなたのやさしさに接すれば、自分から本心を話してくれることもあるでしょう。そのときは、愛情をこめて、その気持ちを受け止めてあげてください。

「信頼」が男性を育てる

相手が新しいことにチャレンジしたり、大変な仕事にとりかかっているのを見ていると、「大丈夫かな?」という心配が頭をよぎることがあります。愛情があるからこそ、相手が大切だからこそ、心配になるのですが、この「心配」は、じつは男性にとってうれしいものではありません。なぜなら、「心配されている」ということ自体が、「あなたの能力を信じていません」というメッセージになってしまうからです。

男性は、思春期を過ぎると、より「雄」としての本能が芽生えはじめます。雄として強くありたい、競争で勝ちたい、ほかの者よりもすぐれていたい。こうして自分を高め、すぐれた種として存在することを望むようになります。

女性の中にある母性は、こうした雄の芽生えを認めることができず、相手を子どもとして扱ってしまうことが少なくありません。これは、女性の本能として、愛する者を心配し、労り、癒《いや》すという感情があるからです。この食い違いがあるため、女性が良かれと思って心配していることが、男性にとっては煩《わずら》わしいことになってしまうのです。

このような場合は、心配する代わりに、「男性を信頼する」ということを選択してみましょう。**「あなたのことが心配で仕方ない」と相手の能力を疑う言葉をかけるのではなく、「あなたならできると信じている」と、相手に勇気を与えるのです。**すると、能力を信じてもらった男性は、「この人は自分のことを信じてくれた。だから自分も自分を信じてがんばってみよう」と思えるようになります。

愛は、表現の仕方によって、相手に与える印象を百八十度変えてしまいます。相手が受けとりやすい形に変えて、あなたの愛を表現していきましょう。

本質的な魅力をほめ、肯定する

恋愛について考えるとき、女性は、容姿や若さを気にする人が少なくありません。雑誌などで年齢が……体型が……という情報も多いため、その情報だけをもとにして自分の価値をはかってしまい、自信を失ってしまうこともあります。

けれど、これらの情報は、ほとんどが真実からはずれています。若さや容姿といった目に見える情報は、ぱっと見て判断できるため、直接的な刺激を与えやすいのですが、それは愛情とは異なるのです。たとえ第一印象の一瞬で相手に刺激を与えられたとしても、その後が続かなければ、恋愛につながることはないのです。

では、反応ではなく、相手を魅了する要素とはどんなものでしょうか？

それは、「男性の人生を肯定する力」です。**その人がすごしてきた人生を尊重し、これまで築き上げてきたその人なりの価値観、正義感、在り方などを心から尊敬すること**です。

たとえば、有名な会社に勤務していたとしても、浮気性で、女性を悲しませてばかりの男性を尊敬することはできないでしょう。一方で、恵まれない子どものための支援をひそかに続けている男性や、誠実に仕事に取り組む忍耐力を持った男性もいます。こうした「その男性にとって、真剣に生きている結果」を認め、心から尊敬することで、男性は自分を受けいれてもらったと感じ、信頼感を抱くようになるのです。

あなたの生き方を心から尊敬します。そう伝えれば伝えるほど、男性は輝きます。

正義感ややさしさ、誠実さは、数字では見えません。けれど、その人の人間としての美しさは、日常生活での在り方や、他人への接し方から読みとることができます。しっかりと相手のすばらしさを見抜き、価値を認めることができれば、あなたは相手にとって「自分の価値を誰よりも理解してくれる永遠に手放したくない女性」となるのです。

「こうしてほしい」という願いを明確に伝える

つらいことや苦しいことがあったとき、女性と男性の対処方法はまったく異なります。

女性は男性と違い、感情を感じ、分かちあうことそのものが「ストレス解消」になります。たとえば、上司にひどく怒られたことを、「もう本当に嫌になる。あの人いつもあんな感じだからつらくて仕方ない」と語ることで心が穏やかになったり、「悲しかった」とただ泣いてその気持ちを聞いてもらうことで、ほっとするということがあります。このとき、とくにアドバイスや解決策を求めているわけではありません。

けれど、女性にとっての「ただ感情をわかってほしい、聞いてほしい」ということが、男性には理解できないことがあるのです。

男性は、ネガティブなことがあったとき、どういうふうに対処すればいいか解決策を見出すことを優先します。そのため、女性はただ感情を解放したいだけなのに、つい「こうしたら解決できるよ」というアドバイスをしてしまうのです。その結果、

女性「私はただ聞いてもらいたかったのに！（それだけで心が安らぐから）」
男性「よかれと思ってアドバイスをしたのに文句を言われた（君のためを思ってしたのに）」

こんなふうに行き違いが生じてしまうのです。

行き違いを生まないためには、「あなたと違って、私にはただ話を聞いてもらうということが必要であり、それが目的なの」ということを、相手にわかるように明確に伝えるように心がけてみましょう。たとえば、

「今はアドバイスよりも、ただ、あなたのそばで泣かせてほしい。それだけで心が安らぐから」と伝えてみる。
「もしよかったら、この悲しい気持ちに共感してくれたらうれしい。そうすれば、味方になってくれたように感じられて、ほっとするから」と伝えてみる。

このとき、あいまいな言い方をせず、はっきりと感情の解放が必要だということや、そばにいるだけでいいこと、それ自体がストレス解消につながるということを伝えます。すると男性も、「感情を分かちあうことが目的ならそれをしよう」というように、あなたの行動に理解を示せるようになります。

男性を立て、プライドを守れる女性になる

男性は女性よりも、プライドを重視します。ここでの「プライド」とは、自分自身がいかに評価されているか？という基準にもとづくものです。

男性は、本能的に、競争したり、闘争する意識を強く持っています。そのため、社会的な側面から自分のことを評価されたいという欲求や、競争で勝つための能力や強さに対する強い関心を持っています。

男性と接するときは、次のような点に注意しながら、プライドを傷つけないようにすることが大切です。

・彼が話をしているときに途中で割り込まない

・第三者の前で、彼をおとしめたり馬鹿にするようなことを言わない

・彼の仕事の成果や努力を、「こんなもの」というように軽く扱わない
・彼とほかの男性を比べない（容姿や能力に関して）
・あの女性はもっと愛されている、というようにほかのカップルを引き合いに出さない
・彼がしてくれようとしていることを、「必要ない」と断りすぎない

反対に、男性がプライドを満たせる態度には、次のようなものがあります。

・第三者の前で、彼のことをほめる
・最後まで話を聞き、かつ、感心する
・相手の努力や才能を積極的に見つけ、ほめる
・いかに愛されているか、いかに一緒にいて幸せかを伝える
・買ってもらった物、プレゼントなどを心から大切にする
・彼の人間関係や仕事場に勝手に入り込まない
・彼の手助けを喜んで受け取り、心からの感謝を伝える
・彼が至らないところは指摘せず、さりげなくフォローする。後で彼がお礼を言ったら、「私

もいつも助けてもらっているから」と、あくまで対等だということを伝える

Ｉ子さんは、これまで男性のプライドについて考えたことがありませんでした。そのため、彼と一緒にいて嫌なことがあったら、周囲に大勢の人がいても彼を批判したり、何かあると彼の友だちに愚痴を言っていました。

彼は、そんなＩ子さんとの関係に疲れ、次第に離れていってしまいました。それでもＩ子さんは「彼が弱かったから」という意見を曲げませんでした。

新しい恋がしたくなってセッションに訪れたＩ子さんは、自分がこれまで彼のプライドをとことん傷つけていたことに気がつきました。別れることになったのは、「彼が弱いから」「彼がしっかりしていないから」だと思っていたけれど、彼を弱い男にしていたのはＩ子さんだったのです。そして、こうした気の強さが、男性との縁を遠ざけていることにも気づきました。

「そういえば、男性から〝怖い〟って言われることがあるんです」。過去の出来事を思い出し、自分が恋愛できない理由を理解できたとき、Ｉ子さんの目からはぽろぽろと涙があふれました。

その後、I子さんは、どんな男性に対しても「プライドを守る」ということを徹底して心がけるようになりました。

相手の弱さを指摘するのではなく、良いところを伝える。たとえ父親や弟であったとしても、ほめ、ことあるごとに感謝するようにしたのです。すると、それまでI子さんに厳しかった父親が、初めて誕生日プレゼントにアクセサリーをくれたのです。さらに、I子さんの変化を周囲の噂で知った元彼から、誕生日のメッセージと、「自分もI子を支えられるようになるために変わって、やり直したい」というメールが届いたのです。

I子さんは、男性と戦ったり、競うことをやめました。そして、競うことをやめた瞬間に、「この女性を喜ばせたい」「この女性を守りたい」という男性の愛を手に入れることができたのです。

男性が愛したくなるのは物事の価値を理解できる女性

男性が本気で「お付き合いしたい」「今も、これからも、この人を心から大切にしたい」と思うのは、どういう女性でしょうか。男性が重視するポイントは、難しいことではなく、**基本的な物事の価値に気づき感謝できるか**、ということです。

具体的に見ていきましょう。

●時間の価値を理解している

時間はすべての人に平等で、かつ、どんな使い方をすることもできます。時間を使って自分一人で自由に遊ぶことも、不満を言うことも、仕事をすることもできます。さまざまなことができる反面、時間には限りがあります。

だからこそ、相手が自分のために時間を使ってくれたとき、そのことに感謝できる女性でありましょう。相手はあなたのために、命の一部である時間を差し出してくれたのです。

お金の価値を理解している

お金は、一生懸命時間と自分のエネルギーを使って働くことで、その対価として得られるものです。額の大きさは関係ありません。1円でも、100万円でも、同じように重い価値があるのです。

たとえばジュースをごちそうしてもらうのは、その人の労力を分けてもらうということです。「お金を使ってもらう」ことに対して、敬意と心からの感謝を伝えましょう。

存在の価値を理解している

けんかをしたり、意見が食い違ったり、人はささいなことで自分が卑下《ひげ》されたと感じ、そのことで頭がいっぱいになってしまうことがあります。けれど、相手の存在があるからこそ、それはできることです。小さな衝突に気をとられて相手の存在を軽んじてしまうのではなく、「いてくれてありがとう」という気持ちを相手に向けていきましょう。

「あなたがいてくれるからこそ、喜びが生まれるの」。いつもこんな気持ちを抱き続け、感謝を伝えます。

労力の価値を理解している

どんなに小さなことであったとしても、誰かが他者のために何かをするということは、意志を持って、その人のために時間をかけ、実際に動くということです。電話をかけてくれる、話を聞いてくれる、あいさつをしてくれる、心配してくれる。その内容や時間の長さに関係なく、「自分に注目してくれている」ということに感謝を伝えましょう。

相手に感謝を伝えることは、「相手の価値を認めている」ということです。だからこそ、「ありがとう」という言葉とともに積極的に受け取ってくれる女性に対しては、男性は「この人のためにもっと何かをしたい」と思うようになるのです。

「はじめて」の体験を与えあう

男性は「自分は特別な存在なんだ」と感じられるシチュエーションに出会うと元気になります。これは、自分の影響力をはっきり認識したいという本能を持っているためです。

男性は、自分の力を目に見えるような形で実感できることを好むため、

・自分の影響で、相手の生活や生き方がよくなった
・自分の影響で、相手が楽しんでくれたり、喜んでくれた
・自分の影響で、新しい未知の可能性が開けた

このように感じると、相手に対して好意や親近感を持つようになります。

とくに男性は「はじめて」が大好きです。ここでの「はじめて」とは、「新鮮な感動を得ること」という意味です。

男性にとって、「今までなかったことをしてもらった」という体験は、何ものにも代えがたいものです。それは、どんなことでもかまいません。たとえば、今までは病気になっても一人で寝ているだけだったのに「君はやさしく看病してくれるね」ということでもいいですし、「自分がしたことでこんなに喜んでくれる人ははじめてだよ」ということでもいいのです。

「はじめて」の体験をお互いに与えあうことが、相手と気持ちを通い合わせるうえで大切です。あなたは相手に対し、「私の人生で、今までになかった体験をさせてくれる人」と感じ、相手はあなたのことを「君は僕の今までの人生になかった喜びをくれる人」と思う。そんなふうに、お互いがお互いのことを特別な存在であると感じることで、かけがえのない関係は築かれていくのです。

けんかにならない マイナス感情の伝え方

お互いにまったく別の人生を歩んできた者どうしが一緒にいれば、時にはいさかいになることもあります。たとえば相手が言った言葉に傷ついてしまった。そんなときは、どうすればいいでしょうか。

男性に対して「なぜこんなふうに言うの？」と理由をたずねるような言い方をすると、相手はそれをストレートに受け止め、「お前に不満があったからだ」など、お互いの短所にフォーカスして説明することになってしまいます。また、「そんなふうに言わないで！」と禁止するような言い方も、相手に反感を抱かせてしまいます。

こんなときは、

「あなたはそんなつもりじゃなかったのだろうけれど、私は今××をされて、こんなふうに悲しい気持ちになったの。だからこれからは、○○してほしい」というように、自分の具体的な要望を「教える」ことを心がけます。

自分が傷つくことを言われたとき、わざとではないとわかっていても、私たちは攻撃されたと感じて、つい戦ってしまうことがあります。けれど、目的は戦うことではなく、あくまで自分の気持ちを相手に伝えることなのです。

最初から相手を悪者にして、非難したり攻撃したりするのではなく、「あなたに悪気はなかったかもしれないけれど」というスタンスを持ちながら、「でもね、私はこんなふうに感じてしまったんだ」と、自分という女性の感性を教えるように、ていねいに伝えるようにしてみましょう。

男性と女性の感性のギャップをうめる

女性は男性よりも、細やかなことに気づく感性を持っています。たとえば、女性にとってメイクはとても重要なこと。けれど、男性からすると、アイシャドウの色が違っていても、はっきりとはわかりません。また、あなたが疲れていて無理をしていたとしても、無理していることに気づかないかもしれません。

女性が自分の鋭い感性をもとに男性を判断してしまうと、気づいてもらえないとき、「愛されていない」「関心を持ってもらえていない」と、悲しくなってしまうことがあるかもしれません。

そんなときは、まず一呼吸おいて、自分の感性と相手の感性が違うということを思い出してみましょう。「どうして気づかないの?」ではなく、「この人は気づくことができないんだ」と理解してあげるのです。すると、あらゆることの見方が変わってきます。

「どうしてやってくれないの？」ではなく、「やりたくても気づけない」。「どうして気づかないの？ 愛してないんでしょ」ではなく、「愛しているけれどその感受性を持っていない」。相手はわざとやっているのではなく、「本当に気づくことができないんだ」と理解することで、悲しみは消えていくでしょう。

気づいてほしいことがあったら、自分からポイントを教えてあげることも大切です。たとえばメイクの違いに気づいてほしかったら、「ねえ、今日はちょっとキラキラしてみたの！」と笑顔で報告したり、「疲れているから、これをやってくれるととっても助かる」と、自分から相手に教えてあげるのです。すると、男性は進んで感想を言ったり、手助けしようと張り切ってがんばってくれるようになります。こうなれば、とてもハッピーですよね。男性にとっても、自分の言ったことや行ったことを「うれしい！」と喜んでくれる女性は、大切でたまらない存在になります。

どちらかが持っていない感性は、やさしく、わかりやすく分かちあいましょう。

愛情は行動で示す

女性は、言葉によって愛情を推し量る傾向があります。しかし、男性は言葉よりも、「その言葉を発している相手が、どんな行動をとっているのか」を見て判断します。これは、女性はイメージで物事をとらえ、男性は視覚や聴覚などの五感で物事をとらえる脳の特徴があるからです。

そのため、あなたが恋愛ドラマを見てイメージをふくらませ、目を輝かせながら「あなたのことを一生愛している」と愛を語ったとしても、普段から遅刻したり、すぐに何かに飽きて放り出したり、同僚の愚痴を言ったりしていると、男性は「口ばっかり。本当にできるの？」と思ってしまいます。

男性と関わるときは、言葉で愛を伝えるのと同じくらい、実際に行動で示すことが大切

です。

たとえば、あなたを「愛しているし、すべてを受けいれたい」のであれば、相手が大変なときも、苦しいときも、そばにいて支えてあげること。

「あなたのすべてが愛しい」のであれば、できないことがあったとしても、それを責めたりしないで、できないことも含めて愛してあげること。

「いつもあなたの力になりたい」のであれば、男性が仕事に没頭したいと感じているときは、孤独に耐えながらも彼を応援すること。

このように実際に行動で示すことで、男性は「この人は本当に、心から自分のことを愛してくれている」と感じます。行動することは、言葉をかけるよりも大変なことかもしれません。けれど、本当に愛を伝えるためには、こうした強さを持つことも必要なのです。

愛の駆け引きはやめる

私たちはつい、大好きな人ややわかってほしい人に対して、無意識に愛の駆け引きをしてしまうことがあります。たとえば、やってくれたら（自分に）価値がある。相手を動かせたら（私は）愛されている。相手が言うことを聞いてくれたら満足できる。こんなふうに、「あなたが愛してくれていることを感じたい」と思えば思うほど、相手に「自分を愛させる」ことを要求してしまうんですね。

一度こういった状態になると、「あなたが愛してくれるまで私は動かないし、何も与えないわ！」と、愛情の出し惜《お》しみをするようになってしまいます。すると、「お前が愛してくれないんだったら……」と、相手も意地を張ってしまい、愛の主導権争いが起きてしまうのです。

本来、愛とは争って得るものではありません。先に与えたほうが負け・与えてもらったほうが勝ち、というものではないのです。

時には自分が先に愛を与え、それを相手が受け取る。相手がしてくれたことに心から感謝し、自分も受け取る。それがまたうれしくて、愛を与える。与えても受け取っても心が温かくなり、うれしくなる。そんなふうに、どちらからともなく与えあうのが愛なのです。

M保さんの場合、それまでは「いかに自分が愛を得るか」ということにばかり意識を向けていました。おしゃれをして男性を誘って愛させる、上目づかいでアプローチして連絡先を聞かれるように仕向けるという努力をしていました。けれど、はじめて自分のほうから好きになった男性には、今まで成功していたこれらのことが、まったく効果がなかったのです。

M保さんは開口一番に言いました。

「彼を落としたいんです」

けれどM保さんは、ここでも相手に自分を愛させたら勝ちというような争いをしかけてしまっていました。

「あなたは彼をとても好きなんですよね。そのことより競争を優先してはだめです。あなたの恋心のために、プライドよりも素直さを優先してあげませんか？」

そう伝えると、M保さんは涙をあふれさせながら、どんなに彼がすてきなのかを語ってくれました。いつもさりげなく皆を和ませることを言ってくれること。誰かが悩んでいるときは相談にのり、友情に厚いこと。M保さんに対して、いつも笑顔で接してくれること。そこにいてくれるだけでうれしい。その気持ちはとても美しく、ただそれを伝えるだけでよかったのです。

M保さんは意を決して、私に話してくださったことをそのまま彼に伝えました。いつもは気が強くて凛としているM保さんだったため、彼は驚いたそうです。けれど、初めて見るM保さんのかわいらしい様子に心打たれ、お付き合いをすることになったのです。

「してもらったほうが勝ち」というようなつまらない駆け引きは、純粋な愛の美しさを濁らせてしまいます。あなたの中の愛と純粋さを、勝ち負けで汚さないようにしましょう。愛する人がいるということの喜びを心から感じられるあなたでありましょう。

男性も愛に傷つき、真実の愛を求めている

男性も、けっして一時的な恋愛や表面上の愛の駆け引きだけを求めているわけではありません。どんなふうに人と愛しあい、どんなふうに人生を送っていくか、ということに強い関心を持っています。女性に対して、若さやきれいさ、言うことを聞くことばかりを求めているのではなく、「ともに気持ちを分かちあい、支えあい、手を取りあって生きていきたい」と願っているのです。

なぜなら男性も、過去にあなたと同じように愛に傷つくこともあったからなんですね。容姿だけで女性を選んで苦しんだ経験があるかもしれません。愛する人に告白したら自分の友人のことが好きだった、あるいは、母親との関係がうまくいかなかったという過去を持っているかもしれません。

傷つき、本当の愛ってなんだろう、自分を好きになってくれる女性はいるのだろうか……そんなふうに思っているのです。とくに30歳を過ぎると、失恋をしたり、離婚する経験も増え、愛に対してもう一歩を踏み出せない男性が多くなります。

あなたはこうした男性を心から理解できる、痛みがわかる女性になってあげてください。ただ愛されたい、気を引きたいと相手の愛情を求めるだけではなく、あなたのほうから相手の気持ちに寄り添うのです。「この人も傷ついたことがある。男として否定された過去がある。そのうえで、本当に受けいれてもらうことを求めているんだ」と。

たとえば、過去に女性に振られた経験があり、必要以上に女性に気をつかってしまう男性がいたら、「もっと楽にしていいよ」と伝えてあげるだけで、相手は安心できます。

弱音を吐くことができず、いつも明るく強く振る舞っている男性には、「私には弱くていいからね」と、受けいれる意思を伝えます。

「女ってどうせ自分のことばかりなんだろ」「女って高いアクセサリーばかりほしがるんだろう」というような固定観念を持っている男性には、「私は裏切らない、安心してね」「私はあなたがいてくれるだけでうれしい」と伝えれば、次第に信頼しあえる関係をつくれることでしょう。

痛みがあっていい。それも含めて、相手の痛みもすべて丸ごと受け止めて、愛していく。

こんなふうに、あなたから進んで男性の愛の痛みを理解し、寄り添っていけば、それだけであなたの存在は男性にとっての救いになるのです。

相手の愛のタイプを見分けたアプローチ方法

私たちはそれぞれ、生まれ育った環境が異なります。そのため、愛を感じる感性も、人それぞれ異なっています。

たとえば、物をもらうことが愛情だと感じる人もいますし、物を買ってもらうことよりもほめられるほうが何倍もうれしいと感じる人もいます。だからこそ、まずはしっかりと相手にどんな愛の表現が響くのかを知ることが大切です。

ここでは、いくつか例を見ていきましょう。

●言葉で愛を感じるタイプ

たとえば、「愛している」「あなたはすてきな人ね」「男らしいのね」など、ほめられたり言葉で愛を伝えてもらうことによって、最も愛情を感じます。このタイプの人は言語に敏感なので、たとえば「本当に何もできない人ね」など非難する言葉をかけてしまうと、傷ついて立ち直れなくなることもあります。

ふれあいで愛を感じるタイプ

ふれあったり、抱きしめてもらったり、手をつないだりすることで深い安心感や愛情を感じるタイプです。言葉だけでは伝わらなかったり、プレゼントをしても「悪いな、お礼をしなきゃ」と逆に相手を恐縮させてしまうこともあります。ただし、ふれあいを求めすぎて、すぐに肉体関係を求めてくる場合もありますので、受けいれる・受けいれないは、しっかり自分がコントロールする必要があります。

贈り物で愛を感じるタイプ

物を受け取ったり、レストランで食事をするなど、物質で愛情を感じるタイプです。このタイプは、物が好きというよりも、形に残したい、目に見える形で感じたいと思っています。ですので、高価な物というよりも、記念日や記念の品を増やしていくとよいでしょう。

●「してもらう」ことで愛を感じるタイプ

何かをしてもらったり、自分のために動いてもらうことで愛情を感じるタイプです。「してもらう」ことは、特別労力のかかることでなくてかまいません。簡単な料理を作ってあげる、マッサージをしてあげる、あえて愚痴を聞いてあげるなどです。こういうタイプの人には、「してあげる」という言い方をしても嫌味にならず、感謝される関係になるでしょう。

●ともに経験を重ねることで愛を感じるタイプ

一緒に旅行に行ったり、困難を乗り越えたり、時間や経験をともにすることで愛情を深めるタイプです。たとえば日常生活でも、「一緒に虹を見た」というような、普段は経験できないような出来事（イベント）を好みます。感受性のアンテナを高くして、楽しいことや変わったことに積極的になってみましょう。

●美の装いで愛を感じるタイプ

「あなたのためにきれいにしている」といった姿を見ることで、自分への特別な愛情を感じるタイプです。このタイプには、あなたがいつも美しくしていることが何よりも刺激になりますから、相手の好きなメイクや服装などを聞いて、取り入れてみても効果がありまず。すっぴんでいる＝「愛がない」と思われてしまうこともあるので、家にいるときも、肌に負担がかからない程度の薄いメイクをするといいでしょう。

このように、相手の男性がどのタイプかを見分けて関わり、あなたの愛を伝えていくようにしましょう。

また、あなた自身も、男性の愛の表現を理解していくことが大切です。たとえばプレゼントをもらった場合、「私は物がほしいんじゃない！」と感じたとしても、相手の男性にとっては、心からあなたに喜んでもらいたいと考えた結果の愛の形だったかもしれません。それに気づかず相手の気持ちを理解しなかったとしたら……「喜ばれなかったし、怒られてしまった。自分はこの人を喜ばせることができないんだ」と傷つけて、すれ違いが起きてしまうのです。

こういった悲しい行き違いを起こさないために、お互いに、どういったことを愛と感じるか、理解するよう心がけることが大切です。あなたがプレゼントをもらうこと以上に言葉で伝えてもらうことが好きならば、それをやさしく伝えましょう。こうして、お互いを知り、二人で二人の愛を育てていく。そこに、愛を生み出す喜びがあるのです。

Lesson 5
ゆるぎない絆をつくるコミュニケーション

もっと深く、永遠に続く愛を築くために――。ここでは具体的な愛の深め方や会話の仕方を通して、愛し、愛される二人になるためのコミュニケーションのとり方を学びます。永遠に続く愛は、すぐ手の届くところにあるのです。

愛される女性が必ずしている「他者尊重」の習慣

愛されている女性は、ただ愛されているというだけではなく、「愛し上手」です。愛し上手とは、「他者を尊重する」ことがしっかりできていることを意味します。自分が大切にされることを望むだけではなく、自分も相手を大切にしているからこそ、相手は「この人を大切にしたい」という気持ちを抱くようになります。そして、さらに愛されるようになるんですね。

他者尊重とは、次のような理解にもとづいて、相手と交流することです。

・相手は自分のものではない。だから必ず相手に都合や気持ちをたずね、確認しながら接する

・相手と自分は違う価値観を持っている。物の見方が違うことや、異なる選択をすること

があるし、間違えたり、傷つけてしまうこともある。だからこそ、お互いに許しあう
・相手の過去と自分の過去は同じではない。だから自分の気持ちを自分で伝えない限り、感情を共有できるわけではない

私はあなたのことがわからないから、いつでも教えてね。
もしもあなたを傷つけてしまうことがあったらごめんなさい。
できるだけ私自身のことも話して、理解してもらえるようにするね。

このように、今まで別々の人生を生きてきた違う人間どうしだからこそ、お互いに相手を知ろうとする姿勢を持ち、理解し、許す姿勢が大切です。この歩み寄りそのものが、二人の愛の軌跡になり、絆を深めてくれるんですね。

こうして自分のことばかりではなく、相手の心を気づかいながら築いた関係は、たとえ、一時的にけんかをすることがあったとしても揺らいでしまうようなことはありません。

心と心で結び付くことで、どんなことも乗り越えられる絆をつくることができるのです。

愛は優先順位を上げることで深まる

永遠に続く愛を願うとき、じつはとても大切なことが、「相手の優先順位を上げる」ということです。

なぜかというと、私たちはお付き合いをする中で、相手との関係に「慣れ」てしまったり、「甘え」てしまうことがあります。もちろんこれは、お互いにだんだんと受けいれあっているというすばらしい側面でもあります。けれど、受けいれてくれるから、黙っていてもわかってもらっているからという理由で、相手の優先順位を下げてしまうことが続くと、愛は遠ざかってしまいます。

たとえば、

私は今、仕事で忙しいから、しばらく会えなくても仕方ないでしょ。

すごく大変なことがあって、あなたの話を聞いている暇はないの。こんなふうに、自分の生活や自分の気持ちで精一杯になってしまい、相手がいてくれることの特別さを忘れてしまうと、愛はとたんに壊れてしまうのです。

こうしたときに大事なことが、「意識して相手の優先順位を上げる」ということです。どんなに仕事で忙しかったとしても、必ず抱きしめて、今日どんなことがあったのか、15分でもいいから目を見て話をする。

つらい悩みがあったとしても、二人でいるときにほかの人の話や悩みばかりではなく、これからの二人の将来のことを話したり、必ず相手の話も聞いてあげる。

「あなたのことが大切で、人生で一番優先しています」ということを、きちんと行動で示すことで、愛は深まっていくのです。

W奈さんは、お付き合いしている彼との関係がマンネリ化して、愛が冷めているような気がしてご相談にいらっしゃいました。一見、彼のほうが冷たくなったように見えたのですが、実際にはW奈さんのほうが、「仕事が忙しくてドタキャンする」こともあり、「疲れているから遠出したくない」と、彼の趣味の旅行も断るようになっていました。W奈さん自身が彼のことを後回しにしてしまっていたため、彼はだんだんと傷つき、心を閉ざしてしまったのです。

「いてくれるのが当然で、私を受けいれてくれるのが当たり前だと思っていました……」

W奈さんはすぐに今までのことを謝るメールを送り、「これからは、一緒にいることを優先するね」と彼に伝えました。

その後、彼から返事が来て、その日のうちにやり直すことになりました。話しあいの際、心から謝るW奈さんの変化を見て、彼は涙を流したそうです。

「男の人が泣くなんて、思っていませんでした……。でも、それくらい彼を傷つけてしまっていたんですね」とW奈さんは言いました。

「男だから」ということは関係ありません。誰でも、愛する人に優先されなければ、苦しく、さみしい気持ちでいっぱいになります。けれど、「男だから」という理由でがまんし、それを正直に話せない男性も多くいるのです。

こうした男性のがまん強さに甘えず、誰よりも相手のことを大切にできるあなたでありましょう。愛しあうということは、お互いを一番大切にするということです。

いつも人生の中心にパートナーをおく。そうすることで、あなたはたった一人の男性に愛され、守られ、慈しまれる、そんな女性としての幸せを感じられるようになるでしょう。

愛とは、今この瞬間の行動を選択すること

愛しあうときにとても大切なことがあります。それは、愛することは、今この瞬間にできるということなんですね。「恋をする」「結婚する」というと、愛を難しいものと考えてしまう人が少なくありません。けれど実際には、愛とは「行動や発言」であり、愛する気持ちにもとづいたアクションを起こすということです。愛することは、今この瞬間に、自分がどんなことを選択するかによって、いつでもできることなんですね。

具体的な例で見てみましょう。

あなたは自分の手で相手を殴ることもできますし、抱きしめることも、なでることもできます。

言葉で相手を傷つけることもできますし、やさしい言葉をかけ、労ることもできます。

温かいまなざしで相手を包み込むように見つめることもできますし、にらみつけて相手を威嚇《いかく》することもできます。

このように私たちは、今この瞬間、この肉体を使って、相手を傷つけることも、大切にすることもできるのです。そして、私たちが持っている相手に対する影響力を、相手を大切にするために使うことが愛なのです。

あなたが勇気を持って、自分のすべてを愛に使うことができれば、必ず愛される現実がやってきます。愛することと愛されることは、同じなのです。

時には、自分のわだかまりをぶつけることをぐっとがまんすることが必要になるかもしれません。怒鳴りたい気持ちを抑え、おだやかに伝えるための練習が必要になることもあるでしょう。けれど、あなたが相手を愛したいと思う気持ちにもとづいて、やさしい言葉や、やさしいまなざしを選択できたのなら、その瞬間、相手も心を開いてくれるのです。

全身で男性を受けいれるほど愛は深まる

相手の話を聞くときは、全身で話を聞くというイメージを持ってみてください。会話で大切なことは、「反応している」ということを、きちんと相手に示すことです。

・一つひとつの言葉に納得し、うなずきながら聞く
・理解できないことはメモしておき、後からたずねる
・話題を覚えていて、次に会ったとき、その後について聞く
・笑ったり、怒ったり、相手の感情に自分の感情を合わせてみる
・身振り手振りをつけてみたり、目くばせするなど表情で反応してみたり、ボディランゲージを行う

「私はあなたの話を聞いているよ」「私はあなたの話に興味を持っているよ」「私はあなたの話に感心しているよ」「私はあなたに注目しているよ」

こんなふうに、**相手に集中しているということを、態度や言葉で表現することで、相手は「しっかりと話を聞いてもらっている」と感じることができます。**

会話は、その内容だけでなく、お互いに「関心を持っている」という姿勢を示すことが重要です。その話題が、流行の映画のことであれ、仕事の上司の愚痴であれ、これからどんな映画を見に行こうかという話であれ、政治についてであれ、すべて同じです。「しっかりと聞いてもらっている」「この人は自分のことを受け止めてくれている」と感じることで、相手は親密感を感じてくれるようになります。

また、そのときに、無理をして上手なコメントを言う必要はありません。心から感心したり、「すごいね。もっと聞きたい」と伝えるだけで、共感は伝わります。

私たちはつい、話が上手になりたいとか、盛り上げたいということばかりを考えてしまいますが、それは重要ではありません。どんなことを上手に話すかではなく、相手と同じ感情を味わうことで、愛は生まれるのです。

たとえば難しい政治的なニュースがわからなくてもいいのです。「どんなことが起きているの？」と聞き、「教えてもらいたい」と伝えるだけでも、相手は「関心を持ってもらえた」と思うのです。そして、教えてもらったら、「すごいね！」「なるほど！　よくわかった」「ありがとう！」など、はっきりと「感心」を表現します。

相手に説明してもらい、その説明そのものに興味を持ちながら話を聞くといったことも立派なコミュニケーションです。だから、相手と話をするために予習をしよう、などとがんばらなくても大丈夫。それよりも、素直に、正直に、「あなたが興味を持っていることを聞かせて！」と楽しそうにしているだけで、愛は伝わるのです。

「はい」のポイントを変えて、犠牲になる恋愛から卒業する

犠牲的な恋愛、苦しい恋愛は、必ず自分の態度とセットになっています。その代表が「はい」という返事です。たったそれだけ？　と思うかもしれません。でも、そこには大きな問題が隠されています。

よい子であろう、相手にとっていい人であろうとすると、相手の言っていることすべてに「はい」と言ってしまうことがあります。これは、自分の意志ではなく、「相手を受けいれなければならない」という思いからの「反応」にすぎません。ですが、相手は、あなたがまさか無理をしているなどとは思いませんから、「きっと喜んで引き受けてくれているんだ」と思ってしまいます。こうなると、一度ＯＫをしたことを覆《くつがえ》すことは大変になってしまいます。

あなたが表現している自分自身が、他者から見た「あなた」になるのです。人は、心の中までは理解することができません。「見せた自分」＝「相手から見たあなた」なのです。

だからこそ、**心の中でちっとも「はい」じゃないときは、「はい」と言わなくていい**のです。会話をするときは、いつも、返事をする前に、相手が言ったことを一度考え、「これは私にとって、本当に受けいれていいことかな？」と見直す時間を持ちましょう。

たとえば、いきなり肉体関係をせまられたとしても、「はい」と言わず、「まだよく知らないから肉体の付き合いはできない」と伝える。

「家に行きたい、ご飯を作って」と甘えられたとしても、「もう少しデートを重ねてからね」と伝える。

からかわれたり、なれなれしくされたりすることに抵抗を感じるのであれば、「ごめん。それはやめてほしい」とはっきり伝える。

重い悩み相談や人生の選択を委ねられるなど、あなたのキャパシティ以上のことを要求されたときは、「本当に残念だけれど、これ以上はできない」と伝える。

一度でも「はい」と言ってしまうと、相手は「この人はこういう接し方でいいんだ」と受け取ってしまいます。そして、それ以降、そのような扱われ方になります。だからこそ、慎重に考えて、受けいれられない申し出には、きちんと「NO」と伝えていきましょう。

NOを言うときに罪悪感を感じる必要はありません。相手にあなたという女性を正しく知ってもらうために必要なこととして、はっきりと伝えていきましょう。

一方で、うれしいことは積極的に「ありがとう」「はい！」と伝えて受けいれるように心がけてみてください。

「君のことがすてきだと思う」「あなたはすばらしい人だよ」というようなほめ言葉。
「助けてあげたい」「代わりにやってあげる」というような心づかい。
「真剣にすてきだと思うからお付き合いを考えてほしい」というような告白。
労ってもらったり、女性として丁重に扱われたり、エスコートされること。
将来を一緒に生きていくという意志を確認しあうようなこと。

はっきりと、「私はあなたのこの態度を受けいれます」ということを提示すればするほど、あなたの恋愛は、幸せになります。「私は愛される価値のある女性だし、やさしくされることがふさわしい女性なんだ」という自尊心を持ち、うれしいことだけを受け取っていきましょう。

態度で示さず、言葉で伝える

嫌なことがあったとき、言いにくいからと、扉をバタンと閉めたり、相手をにらむような表情をする。それに相手が気づき、「ごめんごめん」と謝ってもらい、一件落着――こんな経験はないでしょうか？　女性の持っている癖として、「嫌だと言えないことを、態度で示す」というものがあります。

けれど、この意思表示の仕方は、適切ではありません。言葉で面と向かって相手に伝えなかったとしても、これは無言の攻撃になります。こうしたことが多くなると、次第に相手を苦しめてしまうことになるのです。

S良さんは、相手の言っていることが嫌だったり、自分の思い通りにならないと、態度や接し方で不満を示すということをしていました。最初は恋人もその態度に驚き、すぐに謝ったり改善してくれました。けれど、そうした機会が増えるにつれ、わがままに振りまわされて疲れたと、離れていってしまったのです。

人間だからこそ、嫌なことがあって当然です。苦しいことがあったり、悲しく感じてもいいのです。でも、それを相手を威圧するような態度で示すことは正しくありません。相手は「この人はいつか怒りだすだろう」と思い、大きなストレスを感じるようになります。

無言でいるのではなく、その都度、おだやかに伝えるようにしましょう。

「私はそれが嫌だな」と伝えてみます。言葉で示してくれるとわかれば、「嫌だったら言ってね。自分も言うから」という、対等で平和な関係性が成り立つようになります。

あなたの目的は、相手と幸せな関係をつくっていくこと。そのためには、お互いの意識のずれを、一つひとつ改善していくことが大切です。

伝えることには、勇気が必要かもしれません。けれど、言葉で表現することで初めて、対等な関係性を築きあげることができるのです。

けんかにならない自分の意見の伝え方

仲良くしたいけれど素直になれず、つい会話の中で「だって」と「でも」と反論してしまう瞬間があるかもしれません。けれど、「だって」と思うときは、必ず「本当はこうだ」という真実があります。「でも」の後には、「私は違う」という自分の主張があります。これらを消して、100％相手の言うとおりにする必要はありません。

では、何が問題かというと、「言い方」なんですね。誰だって「だって」「でも」と言われれば、

自分に反抗している。
自分を否定しようとしている。

などの気持ちを抱きます。しっかりとした自分の意志を持ち、自立した男性ほど、「自分の言うことを聞かないでひどい！」と思うことでしょう。「だって」「でも」と言ってしまうと、自分の真意が伝わらずに、言葉だけを拾われてしまい、誤った評価を与えられたり、めんどうがられたりしてしまうのです。

こうしたときは、「だって」「でも」と伝える前に、「あなたはそう思っているんですね」と相手の意見をいったん受け取ってから、次に「私の意見はこうです」とはっきり伝えましょう。このとき、相手の意見は、「なるほど、この人はこういう意見なのね」と、まるでドレッサーの上に色違いのマニキュアを並べるように置いてみます。これだけで、相手は「素直に受け取ってもらった」と安心できるんですね。

M季さんは、「だって」「でも」と言ってから意見を言うことが多くありました。せっかく彼ができても、反抗されていると思われてけんかになり、別れることも多かったのです。そして、自分の意見を伝えたら嫌われるのだと思い、「イエス」だけを言って、苦しい関係をつくるようになっていました。

このような自分の在り方に気づいたM季さんは、「だって」「でも」という言葉を使わず、「あなたはそうなんだね。よくわかったわ。私はこうなの」と伝えることを心がけました。するとまわりの人が自分の意見に耳を傾けてくれるようになったのです。誰もM季さんのことを怒りません。それどころか、「しっかり意見を持っていていいね」と言ってくれる男性まで現れたのです。

自分の心に寄り添いながら、相手のことも否定しない。そうすることで、誰とも争うことなく、この世界に「ありのままの私」として存在することができるのです。

思い出はポイント制
二人の感情を分かちあう

人は必ず経験を通して、相手を愛おしいと思うようになります。会話や相手との関わりを通して情緒が動く経験を重ねることで、お互いに良い印象を持つことができます。

たとえば、会社ですれ違い、会釈する程度の人には、親密感は感じにくいでしょう。そのため、相手が困っていても助けたいという気持ちにまではならないかもしれません。けれど、毎日立ち話をしたり、楽しく話したりしていたらどうでしょうか。やがてその人を身近に感じるようになり、その人が困っているときは助けたいと思うようになります。

このように、**この人と一緒にいると「うれしい」「楽しい」「共感できる」のプラスのポイントがたまればたまるほど、相手にとってあなたはかけがえのない存在となっていきます。**こうなると、少しくらい欠点があっても、「でもそれは良いところに比べたら小さなことだから」と受けいれてもらえるようになります。

もしここで、相手が「嫌だ」「残念だ」「悲しい」といったネガティブな感情を抱くような、マイナスのことばかりを与えてしまったらどうでしょうか。約束の時間を破る、愚痴ばかり言う、無反応で笑わない、相手の意見を否定して自分の気持ちばかり押しつけてしまう……こうしたことが続くと、せっかくついたプラスのポイントは減っていき、良い関係は壊れてしまいます。

お付き合いをする・恋愛をするということは、お互いに「生きる時間を分かちあい、与えあう」ということです。一緒にいるときに、文句ばかりを言って嫌な気分を分かちあうこともできますし、反対に、うれしい経験や楽しい話題を増やして、生きていて良かったという気持ちを分かちあうこともできます。

二人でともに経験を増やしていくことが恋愛です。だから、どういった時間を増やしていきたいのかを考え、一緒にいる時間を大切にしましょう。

相手の弱さをフォローすればすばらしい人生になる

人は誰しも、すばらしい才能や資質を持っています。しかし、どんなにすばらしい才能も、そのときの状況によって、ネガティブに出ることがあります。

たとえば、強いリーダーシップを持っていて、いつもすぐれた判断で人を導いていける男性は、自分が意見を決められずに困っているときは頼りになるでしょう。しかし、しっかりとした意見を持っているときは、強引で押しつけがましいと感じるかもしれません。

いつもやさしくおだやかに話を聞いてくれる男性は、弱っているときや苦しいときは、癒されて救いになるでしょう。しかし、いつも一緒にいると、もっと強引に引っ張っていってほしいのに……と感じることもあるかもしれません。

このように、その人のすばらしい才能も、その人の弱さになることがあります。けれど、人と愛しあうということは、こうした弱さがあることを理解しながら、協力しあっていくことです。

仕事が好きでバリバリ働いている男性は、二人の時間があまりとれないかもしれません。そんなときは、一緒にすごす時間を大切にしながら、メールなどで話す時間をつくる。楽天家でいつも明るいけれど危機意識が薄い、と感じるのであれば、あなたが率先して、将来のことに備える提案をしてみる。誠実でまじめだけれどおもしろみがない、というときは、進んで楽しい話題をふってみたり、遊びに行く計画を立ててみる、などです。

どんな人も、完璧にはなりえないのです。だからこそ、相手ができないことは、あなたが積極的に補っていくことが大切です。これが、協力しあうということです。お互いがお互いのすばらしさをいかしながら、弱さを補いあうことができれば、すばらしい人生が送れるようになるでしょう。

小さな「甘え」を許せる女性になる

相手との関係が親密になればなるほど、最初は持っていなかった厳しさが出てしまうことがあります。たとえば、最初は相手がうっかり遅刻してしまうことがあっても、「私は平気だよ。あなたのほうこそ大丈夫だった？」などと、相手のことを気づかう余裕があります。けれど、次第に、5分遅れるだけでイライラして、「なんで遅刻してくるの！」と、不満の対象になってしまうこともありますよね。

これらの小さな失敗は、理解し、「許す」ということが、二人の関係をよくしていくうえで大切です。

たとえば、ギャンブルがやめられなくて困っている、健康を害するほどお酒に依存してしまう、といった場合はとても大きな問題です。その場合は、一緒に話し合い、時には専門家の助けを借りながら克服していく必要があります。
けれど、男性が洋服を脱ぎっぱなしにする、ビールの缶を片づけない、ほんの少し寝坊してしまうなどのことは、男性に悪気はなく、仕事のことで頭がいっぱいで、つい忘れてしまうだけかもしれません。もしかしたら、疲れていて無意識にSOSを出しているのかもしれません。ここで目くじらを立てるのではなく、相手の状況を理解し、「少しだけ甘えさせてあげること」を意識してみましょう。

たとえば置きっぱなしの空き缶ならば、あなたが気づいたときに拾っておくだけでいいかもしれません。どうしても遅刻してくるのであれば、「たまには部屋デートにしよう」でもいいのです。相手の至らないところを理解し、受けいれてあげることで、愛しているという気持ちを表現していくのです。

小さな甘えを許してくれるパートナーに、男性は心を開いていきます。
変えるべきところは変え、自分がそんなに苦しまずにサポートできるところはやってあげる。人間だからこそ、できないこともあるということを、許容してみましょう。

過去のすべてを相手への愛に変える

人生を真剣に生きていればこそ、愛に傷つくことがあります。けれども、こうした過去は、何よりも私たちの未来にいかすことができるものです。なぜなら、人を愛するということは、すべての過去を愛に変えるというプロセスだからです。

たとえば、過去に付き合っていた男性にやさしくできなかったという経験を持っていたら、「これからめぐりあう人は大切にしよう」と、自分を省みることができます。

自分が誰かに傷つけられた経験があるのであれば、「私はあんなふうにせず、思いやりをもって人と誠実に向き合おう」と、自分の愛を深めていくことができるでしょう。

このように、**過去に苦しんだ経験があるからこそ、私たちはより深く人を愛せるようになる**のです。

ここで、あなたの愛の形を思い浮かべてみましょう。あなたがパートナーとの生活で「かなえたい愛」とはどんなものでしょうか?

両手で温かく抱きしめあうことかもしれませんし、毎日やさしい言葉をかけあうことかもしれません。時にはご飯を作ってあげたり、彼が帰ってきたときに「おかえりなさい」と笑顔で迎えたり、相手の悩みをじっくり聞いて一緒に解決策を考えたり、時間を忘れるほど趣味の話をしたり。

こんなふうに、「私は本当はこうしてほしかった」「私は本当はこうされたい」ということを、まずはあなた自身が相手に与えられるようになりましょう。そうすることで、相手も同じくらい深い愛を返してくれるようになります。

あなたは過去に、他者との関係や親との関係で、とても傷ついたり苦しんだことがあるかもしれません。けれど、今この瞬間に、もう一度、あなたが温かい愛を選び直せば、これからの未来は、愛にあふれたすばらしいものへ変わっていくのです。

二人の未来は二人で決める

どんなに惹かれあう二人であっても、基本的には「違う人間」です。価値観や生き方が違っていて当然ですし、「日常生活を生きるルール」も異なります。

そのため、「なんでかまってくれないの？」「どうしてこんなことにお金をつかうの？」といった行き違いが生まれてしまうこともあります。

こうした悲しいすれ違いを起こさないためには、相手が持っているルールを積極的に知って、必ず話しあい、二人で心地よいものに変えていく必要があるんですね。

二人が話しあうべきことには、どんなものがあるでしょうか？

・お金のつかい方——何に対して多くつかっていきたいか？（衣服・交際・趣味・勉強・食べ物）

・環境の整え方――掃除の頻度、分担、部屋をどんな雰囲気にするのか
・遊び方――趣味や頻度、一緒に何ができるか、何を楽しいと感じるか
・仕事に対する姿勢――人生における仕事の割合、どれくらい優先するのか
・友人との接し方――友人との時間とパートナーとの時間の割合の決め方
・親との付き合い方――どれくらい交流するのか、どれくらい頼るのか
・健康に対する配慮――運動や食事内容、病院に行く頻度、薬箱の中身

どんなふうに決めてもかまいません。これらの事柄に対する認識を共有しておくことが大切です。

誰かと一緒に生きるということは、今までなかった生活パターンを取りいれるということです。たとえば、友人と遊ぶ割合が多く、相手がさみしい思いをしているのならば、「もっと友人と遊ぶ時間を減らして一緒にいよう」と心がけることも必要です。洋服にお金をつかうよりも二人のデートにお金をつかおう、一緒に運動をして健康を保つように心がけよう、二人で家にいるときは仕事を持ち込まないようにしよう、など、「二人が心地よいと思えるルール」を話しあって決めていきましょう。

出会った瞬間を忘れない女性は、永遠に愛される

どんな人間関係でもそうですが、付き合いが長くなればなるほど、怠惰になってしまったり、相手の領域を侵してしまうことが増えてきます。これは、配慮がないとか無神経ということではなく、慣れてくると人は誰しも、自分と相手の境界線がわからなくなってしまうためです。一緒にいる時間が長くなるにつれ、「自分がＯＫだったら相手もＯＫなはず」と思ってしまうようになるんですね。

けれど、こうした**「慣れ」は、恋愛においては禁物**です。慣れてしまうことで相手の印象が変わってしまったり、「最初はあんなにすてきだったのにどうしてこんなになってしまったの？」という幻滅を生んでしまうからです。

人生を長く一緒にすごしていくためには、しっかりと自分から「ここまではやってもい

いけれど、ここからはダメだな」という境界線を引き、自分で自分を律していくことが必要です。

・彼の前で女性としてきれいにすることや、女性らしい言葉づかいを心がける
・小さなことにも「ありがとう」と言って感謝や喜びを示す
・彼を男性として意識し続け、ほめたり、頼ったりする
・依存しきって自分のすべき仕事を放棄しないようにする
・彼のテリトリーや友人関係を尊重する
・「あなたが好き」「愛している」などのロマンティックな言葉を意識してかける

ロマンスとは、勝手にやってくるものではなく、あなたがパートナーに美しいあなたを与えることで、初めて生まれるものです。

愛するあなたに、最高に美しい私を見てほしい。

永遠に愛される女性とは、出会ったその瞬間を永遠に忘れない女性でもあるのです。

協力し、補いあいながら愛を深めていく

ここまでたくさんのことを学んできました。最後に、あなたが男性と協力しあい、お互いに補いあいながら永遠の絆をつくっていくための、二つのポイントを見ていきましょう。

一つめは、「違いを認める」ということです。あらかじめ、「相手と自分は違う価値観を持っている」という前提ですごし、もしも共感できることがあれば「同じでうれしいね」、もしも違いがあれば、「あなたはそう思っているんだね」「そんな習慣があったんだ」と、相手を尊重しながら、相手の行動や発言を認め、合わせていくということです。

たとえば、朝早起きする習慣がある相手であれば、「どうしてそんなに早起きするの？」ではなく、「一緒に早起きしてみようかな」「おいしい朝食を作って、散歩に行くのもいい

かもしれない」と考えてみる。

自分は運動が苦手だけれど、相手はジョギングが好きであれば、「一緒に走ってみようかな」「彼が走っている間、私は勉強したり小説を読んだり一人の時間をすごしてみよう」という具合です。

「違うから私たちは合わない、ダメだ」と決めてしまうのではなく、相手に合わせることを意識してみましょう。**ここでの「相手に合わせる」とは、犠牲になって無理にがまんするということではなく、あくまで自分が今まで持っていなかった生き方や在り方・価値観に、積極的に心を開いてチャレンジしてみるということです。**こうして、小さな違いを楽しみながら取りいれることができれば、何気ない日常が鮮やかに彩られていきます。

二人が違うからこそ、すてきなことがどんどん増えていく。毎日が、新しい喜びと可能性で満ちあふれていくんですね。

二つめは、あなたが得意なことは、進んで男性に差し出していくということです。たとえば次のようなものです。

・部屋を、安らげる落ち着く空間にコーディネートするセンス
・味の薄いものでも「おいしい」と感じられるような、健康に配慮した食生活についての知識
・夜景のきれいなレストランへ行く、二人で語りあえるカフェを探す、などのロマンティックな提案
・感情をありのまま話していい、弱いところを見せてもいい、というようにあなたに受けいれる準備があるということ

あなたが持っている知識やセンスを使って、いろいろなことを提案し、男性に新しい喜びを与えることができれば、二人の生活はどんどん広がっていきますよね。

恋愛を経て結婚したとしても、一生、相手と自分は「違う人間」です。どんなに愛しあっていても、これは変えることができません。一緒に生活する時間が長くなると、いろいろなことをわかりあうこともできますし、感性も似てきます。それでも「まったく同じ」に

はなりません。そんな二人が、きれいな夏の空を一緒に見て感動したり、自分ができないことを相手にゆだねたり、相手の苦手なことを自分がやってあげられるからこそ、人生は美しいのです。

愛は、植物を愛でるように、水をやり、温度を気づかい、毎日ていねいに育てていくものです。常に「わかりあっていこうね」とやさしく心がけることが、あなたの恋愛を永遠に続くものにしてくれます。

合うところは合わせながら、違いを楽しみ、尊重し、共感しあい、経験を共有していく――そうすることで、「二人の人生」は、独りでは得られなかったかけがえのない喜びを与えてくれるものとなるでしょう。

あとがき

「一年前は、まさかこんなふうにお付き合いしているなんて思ってもみませんでした。思い切って勇気を出して、一歩を踏み出してよかったです」

S香さんは、笑いながら話してくださいました。8年間も犠牲になる恋愛をし、苦しんでいたときの暗い表情はありません。女性としての自分を愛し、慈しみ、彼に最高に愛されながら日々を送っていらっしゃいます。

S香さんは長い間、自分は愛されない人間だと思っていました。年齢や体重、社会的な価値観によって「だから私は愛されない」と強く思い込んでいたのです。

そんなS香さんが変わるきっかけになったのは、とてもシンプルなことでした。

「ほかの女性は、完璧じゃなくても幸せにしている。どうして？」

こんなふうに気づいたことで、人生が変わりはじめたのです。

S香さんが感じたように、愛の本質は「完璧さ」ではなく、「つながる喜び」です。

相手があなたのやさしさにふれ、かたくなに閉じていた心を開き、「君のようにわかってくれる人に出会えるまで、ずっと孤独だった」と涙を流してくれる。

相手があなたの腕の温かさに安心し、あなたのおだやかな声に顔をほころばせてくれる。

あなたが苦しいときは、相手があなたのそばに寄り添い、あなたの頭をそっとなでてくれる。

孤独を癒し、一緒にいるうれしさをかみしめ、そばにいてくれるだけで励まされ、時間を忘れてこの世界の楽しさを一緒に体験する……こんなふうに、愛はただ、与えあうだけ。外見上のことはまったく関係なく、心のつながりから生まれます。

もしもあなたが今、こうした喜びを感じられないのであれば、愛というものをとらえ違えていたり、S香さんのように自分は愛されない存在だと思い込んで自分からつながりを断ってしまっているのかもしれません。

「心で結びつく愛」に目覚め、その愛を育てていくにつれ、二人の人生は喜びであふれていきます。

過去、どんなに苦しい人生だったとしても、あなたには人を愛する力があります。あなたが心を開けば、一人では得られないような喜びが得られることを、どうか信じてください。

本書はここで終わりではなく、はじまりです。これからのあなたの人生には、誰かと分かちあうすばらしい感動と、つながりを感じる温かい未来が待っています。時には、愛に自信を持てなくなったり、孤独を感じたり、迷うことがあるかもしれません。そんなときは、いつでもこの本を開いてください。

本書が、あなたとあなたを愛する男性をつなぐ架け橋となりますように。そして、あなたが愛する男性と、光り輝くような幸せな未来を歩まれることを、心からお祈りしております。

斎藤芳乃

斎藤芳乃

さいとう・よしの

マリアージュカウンセラー。

女性の恋愛・結婚の問題を解決する心の花嫁学校マリアージュスクール主宰。

「自尊心」の大切さを訴え、潜在意識にある不幸の根本的な原因を見抜き、現実を変化させる心の専門家として活躍中。東京・大阪・名古屋で開催される講座には、7000人以上の女性が参加。北海道や沖縄のみならず海外からも受講者が訪れる。また個人セッションの申し込みは、予約受付開始から5分で満席となる人気ぶりを博している。著書に『一週間で自分に自信を持つ魔法のレッスン』（SBクリエイティブ）、『運命の人と結婚する方法はシンデレラが教えてくれた』（マガジンハウス）。

著者公式ブログにて、クライアントの実際の体験談や、潜在意識の書き換え方を日々更新中。

http://saitoyoshino.net/

恋《れん》愛《あい》レッスン

永《えい》遠《えん》の絆《きずな》の
つくりかた

2014年10月8日　初版第1刷発行

著者
斎藤芳乃《さいとうよしの》

発行者
小川 淳

発行所
SBクリエイティブ株式会社
〒106-0032 東京都港区六本木2-4-5　TEL. 03-5549-1201（営業部）

ブックデザイン
原田恵都子（ハラダ＋ハラダ）

本文組版
アーティザンカンパニー株式会社

編集担当
八木麻里

印刷・製本
萩原印刷株式会社

落丁本、乱丁本は小社営業部にてお取り替えいたします。
定価はカバーに記載されております。
本書の内容に関するご質問等は、小社学芸書籍編集部まで書面にてお願いいたします。
 ISBN978-4-7973-8020-0